AF423605

La negritud, el indianismo y sus intelectuales:
Aimé Césaire y Fausto Reinaga

Colección
TESIS

305.80098
O48n   Oliva Oliva, María Elena.
        La negritud, el indianismo y sus intelectuales: Aimé Césaire y Fausto Reinaga
        / María Elena Oliva Oliva; profesoras guías: Claudia Zapata Silva,
        Lucía Stecher Guzmán.
        –1ª ed.– Santiago de Chile: Universitaria, 2014.
        166 p.,17,2 x 24,5 cm (Tesis)
        Incluye notas a pie de página.
        Tesis (magíster en estudios latinoamericanos) – Universidad de Chile, 2014.
        Bibliografía: p. 157-166.

        ISBN: 978-956-11-2428-8

1. Césaire, Aimé, 1913-2008. 2. Reinaga, Fausto, 1906-. 3. Identidad étnica – América
Latina. 4. Indios. 5. Pueblos indígenas. I.t. II. Zapata Silva, Claudia, prof. guía. III. Stecher, Lucía, prof. guía.

Texto compuesto en tipografía *Berling* 11/13

Se terminó de imprimir esta
PRIMERA EDICIÓN
en los talleres de Grafhika Copy Center Ltda.,
Santo Domingo 1848 y 1862, Santiago de Chile,
en agosto de 2014.

IMAGEN DE PORTADA
La jungla
Wifredo Lam, 1943, óleo/papel reforzado; 239,4 x 230 cm.
Museo de Arte Moderno, Nueva York.

DISEÑO DE PORTADA
Norma Díaz San Martín

DIAGRAMACIÓN
Alebrije Proservice Ltda.

www.universitaria.cl

Elena Oliva

La negritud, el indianismo y sus intelectuales: Aimé Césaire y Fausto Reinaga

"La publicación de esta obra fue evaluada por el
Comité Editorial del Fondo de Publicaciones Americanistas
y revisada por pares evaluadores especialistas en la materia,
propuestos por Consejeros Editoriales de las distintas disciplinas".

EDITORIAL UNIVERSITARIA

Índice

Agradecimientos

Al finalizar esta etapa quisiera reconocer el apoyo de las personas que, de diversas maneras, me han acompañado. A Elsa Oliva, por su cariño y apoyo incondicional en todo lo que deseo hacer. Sin tu estímulo nunca habría llegado hasta aquí.

A cada uno de los profesores del Centro de Estudios Culturales Latinoamericanos, por su buena disposición, por el respaldo para realizar iniciativas que fueron muy productivas para el desarrollo de esta tesis y, sobre todo, por la oportunidad de trabajar junto a ellos. Especialmente a Grínor Rojo y Alicia Salomone.

A Karen Cea, Marieta Alarcón, Natalia Cisterna, Valentina Letelier y Olga Ruiz, quienes con su amistad, cariño y buen humor hicieron mucho más fructífero el paso por el magíster en Estudios Latinoamericanos.

Al Departamento de Posgrado y Postítulo de la Vicerrectoría de Asuntos Académicos de la Universidad de Chile por el apoyo recibido para desarrollar esta investigación a través de las Becas de Estadías Cortas de Investigación destinadas a estudiantes tesistas de doctorado y magíster de la Universidad de Chile. Asimismo, quisiera destacar el apoyo de la Fundación Fausto Reinaga, del Centro de Estudios Avanzados de Puerto Rico y el Caribe, especialmente a Carmen Centeno, y del proyecto FONDECYT N° 1120278. Agradezco además el apoyo para esta publicación del Fondo Americanista de la Universidad de Chile.

Finalmente, a Claudia Zapata y Lucía Stecher, les agradezco infinitamente la confianza laboral y personal que han depositado en mí durante todo este tiempo. Su constante apoyo para llevar a cabo este trabajo, así como otras iniciativas relacionadas, ha sido un importante impulso para continuar en este camino. Además, la inteligencia, humildad, rigor y ética con la que ustedes van por la vida me ha enriquecido académica y personalmente. Muchas gracias por todo.

Introducción

El trabajo que a continuación se presenta es una aproximación al estudio de los discursos identitarios en América Latina, particularmente a elaboraciones realizadas durante el siglo XX por intelectuales que se autodefinen a partir de categorías raciales subordinadas y que contribuyen, a lo largo de su producción escrita, al desarrollo del pensamiento anticolonial.

El estudio de la/s identidad/es latinoamericana/s es un ámbito prolífico y ampliamente cultivado desde diversas áreas del conocimiento, desarrollado con distintos intereses y por diferentes actores sociales, pasando por periodos en que su discusión se activa y nuevas categorías salen a la luz –como sincretismo, mestizaje, hibridez, entre muchas otras– para intentar dar respuesta a la pregunta por quiénes somos. En esta materia, lo que se busca es aquello que nos da un sentido de pertenencia, como por ejemplo lo que nos hace latinoamericanos.

Esta discusión, vista con la perspectiva del tiempo, ha tendido a polarizarse en torno a dos ideas: una que sostiene la existencia de una identidad latinoamericana como entidad homogénea, y otra que plantea que tal cosa no existe y que más bien lo que encontramos son muchas identidades, una heterogeneidad que difícilmente tiene puntos de encuentro. La dificultad de posicionarse en uno u otro extremo es que no permite reconciliar la diversidad que efectivamente existe en América Latina en términos de pueblos, culturas, lenguas y tradiciones, con procesos que involucran a toda o casi toda la región, como la colonización, las rebeliones, el republicanismo o la construcción de Estados nacionales. No obstante, es posible encontrar otros enfoques al momento de revisar algunas propuestas identitarias, en los que sin perder de vista la diversidad esta se aborda en relación con procesos generales latinoamericanos. Estas propuestas tienen la particularidad de compartir categorías identitarias que aluden a tipificaciones raciales de grupos subordinados, específicamente referidos a indígenas y afrodescendientes, presentes en toda América Latina, permitiéndonos reflexionar sobre los procesos comunes de la región; me refiero al indigenismo, indianismo, negrismo, negritud y afroamericanismo.

El indigenismo es una propuesta identitaria que considera al indígena y su cultura como un elemento vinculante que entrega sentido de pertenencia a una nación, motivo por el cual sus creadores –no indígenas– asumen que estos grupos deben ser resguardados mediante políticas de Estado. El negrismo, en tanto, es una propuesta que desde el campo artístico invita a pensar nuestras sociedades incluyendo al elemento afrodescendiente, al negro y su cultura, asumidos como parte de nuestra configuración social. Para el crítico brasileño Jorge Schwartz el negrismo, sin embargo, no puede entenderse más allá de una manifestación literaria; no como la negritud que, según el autor, se transformó en un movimiento reivindicativo de los derechos de los negros[1]. La negritud, en tanto, es una propuesta identitaria realizada por sujetos afrodescendientes, que releva la cultura negro-africana y al negro como un sujeto con historia y cultura propia, desde las cuales ha aportado a la cultura de la humanidad. El indigenismo, el negrismo y la negritud emergen durante las primeras décadas del siglo XX en nuestro continente.

El indianismo, en tanto, que aparece a mediados de los años 1960, es una reivindicación de la identidad indígena, ya no ligada al Estado u otras instituciones nacionales, sino como un discurso que es parte de un amplio movimiento indígena continental, elevado por los propios sujetos indígenas. Por otro lado, el afroamericanismo es un concepto reciente, el más actual de todos, y su significado generalmente apunta a dar cuenta de todo discurso o movimiento de los descendientes de africanos en América Latina, desde lo meramente artístico hasta las luchas por derechos sociales y políticos, cubriendo un vasto espectro de posibilidades.

A partir de estas propuestas identitarias se han realizado estudios comparativos relacionando varios de estos discursos: al negrismo con la negritud, al indigenismo con el afroamericanismo, a la negritud con el indigenismo, por nombrar algunos[2]. La posibilidad de trabajarlos en conjunto está dada porque desde una condición racial problematizan una identidad, pero además porque en la articulación entre identidad y raza están involucrados otros elementos: procesos históricos, condiciones sociales, económicas y culturales o movimientos reivindicativos, que entregan una base argumentativa a dicha vinculación y actúan como un contexto para su surgimiento. El profesor de literatura Georges Coulthard, inglés radicado en Jamaica, en un artículo en el que analiza los puntos en común así como las diferencias entre el indigenismo y la negritud, señala que:

> […] ambos movimientos han brotado de condiciones socioculturales y económicas relacionadas con la raza, afectando el modo de pensar, al arte, la

---

[1] Schwartz, Jorge. "Negrismo y negritud". Leopoldo Zea (comp.). *Historia y cultura en la conciencia brasileña*. México, FCE, 1993, pp. 65-78.

[2] Cabe señalar que los estudios que abordan a indígenas y afrodescendientes desde una mirada conjunta son amplios y van más allá de estos discursos identitarios. Ver, por ejemplo, Franco, Jean. "La vuelta a las raíces: el indio, el negro, la tierra". *La cultura moderna en América Latina*. México, Editorial Joaquín Mortiz, 1971, pp.115-143; Lienhard, Martín. *Disidentes, rebeldes, insurgentes. Resistencia indígena y negra en América Latina. Ensayos de historia testimonial*. Madrid: Iberoamericana Vervuert, 2008.

actuación política de millones de personas. Aunque hay, como llevamos dicho, diferencias obvias que se deben a circunstancias históricas distintas, los dos movimientos tienen por objeto el desempeñar una función semejante, es decir, aflojar la influencia sofocante de la cultura occidental o europea (e incluyo aquí a Estados Unidos) socavar o debilitar el prestigio de la civilización occidental, que se atribuye el derecho exclusivo a la tutela cultural, y afirmar la existencia y perspectiva de otras culturas, con otras bases raciales. En una palabra, los dos movimientos surgen de una situación colonial y de la convicción de superioridad cultural y racial de los colonizadores[3].

Para Coulthard, ambos movimientos comparten categorías raciales inferiorizadas y se articulan a partir de una crítica a los procesos colonialistas y a las condiciones desfavorables de grupos indígenas y afrodescendientes en términos económicos, culturales y sociales. Desde otra perspectiva, el investigador chileno Eduardo Devés plantea que:

> [...] durante las primeras décadas del siglo [XX] se produjo en el pensamiento latinoamericano un movimiento de defensa de la identidad. Esta se asocia, en un primer momento, con la cultura latina (el arielismo) para luego –después de la Primera Guerra Mundial, de la Revolución Mexicana y la Revolución Rusa– ser asociada prioritariamente con las masas populares: indígenas, campesinos, afroamericanos. Así como en México y en los países andinos florece el indigenismo, tanto en el Caribe como en Brasil se desarrolla en las ideas un clima de afroamericanismo, que se expresa sobre todo en las artes, en la antropología y en el discurso político[4].

El indigenismo y el afroamericanismo, en sus diversas expresiones, coinciden, para Devés, no tanto en el elemento racial y colonial sino porque ambos son parte de un proceso en que las masas populares, condición en la cual se inscriben indígenas y afrodescendientes, generan propuestas y discursos identitarios. Más allá de coincidir o no con estos autores en el análisis que realizan de cada concepto, es interesante resaltar cómo estas identidades que remiten a una raza son analizadas por los autores en relación con un contexto social y dinámicas históricas que las posibilitan.

---

3   Coulthard, George R. "Paralelismo y divergencias entre indigenismo y negritud". Varios Autores. *Ideas en torno de Latinoamérica*. Vol. 1. México, Universidad Nacional Autónoma de México, 1986, p. 715.

4   Devés, Eduardo. "Afroamericanismo, multiculturalismo e identidad". *El pensamiento latinoamericano en el siglo XX. Entre la modernización y la identidad*. Tomo 1: Del Ariel de Rodó a la CEPAL (1900-1950). Santiago de Chile /Buenos Aires: Editorial Biblos/Centro de Investigaciones Diego Barros Arana, 2000, p. 131.

Sin embargo, existen diferencias sustanciales entre uno y otro concepto, entre una y otra propuesta identitaria, divergencias que están vinculadas a cómo cada discurso define a los indígenas y a los afrodescendientes, al diagnóstico que hacen de sus situaciones, a las propuestas concretas, y sobre todo a quiénes levantan dichos discursos. Y es que fundamental para esta tesis fue comenzar por realizar la pregunta, no por el objeto que entrega identidad, sino por el sujeto –socialmente hablando– que la construye. La pregunta por quiénes generan identidad en América Latina adquiere importancia aquí porque permite interrogarnos sobre la intención de una propuesta identitaria, es decir, más que analizar si el mestizaje, hibridez o el indigenismo son conceptos que entregan un determinado sentido de pertenencia legitimado para algunos, lo que interesa es saber quiénes plantean estos conceptos o quiénes se apropian de ellos y para qué. Conocer a los sujetos que elaboran propuestas identitarias y sus motivos permite hacer la conexión con el contexto histórico, social, político, cultural e ideológico en el que se encuentran y desde el cual generan sus reflexiones, así como comprender de mejor manera sus reivindicaciones.

A partir de estas preguntas, la negritud y el indianismo son las propuestas identitarias que más elementos comunes parecen tener. Existe entre ambas un inevitable paralelismo en el lugar de enunciación: es el propio sujeto subordinado y dominado, de acuerdo con las categorías indio y negro que emergen en el proceso de colonización, que eleva estas propuestas y, sin embargo, en la bibliografía revisada para esta tesis no han sido comparadas. La negritud emerge en la primera mitad del siglo XX, más precisamente en los años 1930, y en América Latina se desarrolla en la región caribeña de la mano del poeta, intelectual y político martiniqueño Aimé Césaire. El contexto histórico en el que se enmarca corresponde al principio del agotamiento del sistema colonial en el mundo, en el que se inicia un proceso de independencia formal por parte de muchas de las entonces colonias, en un escenario con una izquierda fuerte aún y con una valoración positiva de las naciones y los Estados nacionales. En esa época la negritud se levanta como discurso elaborado por sujetos negros intelectuales, que desde una afirmación racial, erigen su identidad y reclaman reconocimiento por y como parte de la humanidad. El indianismo, en tanto, surge en la segunda mitad del siglo XX, a fines de la década de los años 1960, en un contexto latinoamericano significativamente distinto del de comienzos de siglo, marcado por una crisis de la integración social, con Estados nacionales y democracias limitados y en medio de un proceso de deslegitimación de las alternativas de transformación radical, con una izquierda cada vez más debilitada, todo lo cual forma la antesala de los procesos neoliberales y de globalización de las décadas posteriores. Es aquí, en un clima de derrota, donde emerge un amplio y heterogéneo discurso intelectual, elaborado por los propios indígenas, que busca afirmar una identidad con demandas particulares. El escritor quechua-aymara de Bolivia Fausto Reinaga es considerado como su precursor y uno de sus principales difusores.

Ambas propuestas coinciden no solo en la mirada crítica a la construcción del sujeto moderno –representado por el hombre blanco y europeo–, a la colonización –en tanto proceso totalizante y opresivo– y al eurocentrismo –como sistema de pensamiento imperante e impositivo–, sino en que la reflexión y producción escrita se realizan por los propios sujetos indígenas y afrodescendientes, quienes se autoidentifican como tales. El indigenismo, el negrismo y varias expresiones afroamericanistas son propuestas levantadas y llevadas a cabo por sujetos que no necesariamente se reconocen como indígenas o como afrodescendientes, desde el punto de vista identitario, cultural o político, arrogándose la decisión auto-otorgada de representar a estos grupos. Esto marca una diferencia sustancial en la manera en que se reflexionan la historia, los conflictos, la memoria y las demandas y propuestas en torno a indígenas y afrodescendientes.

Esta tesis constituye un esfuerzo por esa mirada comparativa entre negritud e indianismo, mediante la búsqueda y selección de un *corpus* variado de textos que diera cuenta del desarrollo de ambos discursos. Es necesario señalar que al interior de cada uno de ellos existen matices y tendencias que, si bien no son contradictorias, enfatizan uno u otro aspecto según el intelectual o grupo que participa en la construcción de estos discursos. Por ello se decidió trabajar con quienes se erigen como sus precursores y principales exponentes, además de activos difusores: Aimé Césaire y Fausto Reinaga. Esto implicó delimitar el contexto en el que emergen las producciones de estos intelectuales, que en el caso de la negritud se trata del área Caribe, mientras que en el indianismo es la región andina.

Cabe mencionar que esta labor tuvo muchas dificultades, sobre todo en términos del acceso a las producciones escriturales de los mismos autores de la negritud y el indianismo desde Chile. La antigüedad de los textos se planteaba como un argumento para explicar tales barreras, sin embargo estos documentos tampoco se encuentran fácilmente en bibliotecas, archivos, instituciones académicas o librerías latinoamericanas, lo que motivó la reflexión y búsqueda de otras premisas que pudiesen justificar tal ausencia, tanto porque Aimé Césaire y Fausto Reinaga fueron activos intelectuales como por el rol político que desempeñaron en sus respectivas sociedades. Durante el año 2008 y el comienzo del desarrollo de este trabajo falleció Césaire, lo que facilitó el acceso a sus textos al ser algunos de ellos reeditados; sin embargo, en el caso de Reinaga, el único acceso posible fue a través de su fundación, sostenida por su sobrina Hilda Reinaga, que se ha encargado de reeditar algunas de sus obras, las que por mucho tiempo estuvieron prohibidas en Bolivia. Esta experiencia me permitió comprender que no se trata de discursos identitarios ni de autores desconocidos, sino marginados del ámbito intelectual y académico. En general, aún persisten prejuicios en torno a las actividades que los indígenas y afrodescendientes puedan realizar, y la intelectual no está ajena a ellos. No obstante, Césaire, Reinaga y otros artífices de estos discursos, que se definen como tales, dedicaron su vida a la publicación de sus reflexiones y al desarrollo de un pensamiento propio.

Así, este trabajo se transformó en un estudio exploratorio tanto porque la comparación entre ambos discursos identitarios no se ha realizado aún de acuerdo con lo aquí revisado, como porque se hizo necesario reconstruir, en la medida de lo posible, el camino desarrollado por la negritud y el indianismo, entendidos como discursos identitarios que forman parte de un movimiento social más amplio. Pero además, considerarlos bajo un mismo aparataje conceptual significó tomar un camino a contracorriente. Las tendencias actuales piensan América Latina desde lo parcial, desde el fragmento, haciendo imposible desde esa vereda articular dos discursos identitarios que se gestaron en áreas geográficas y momentos históricos distintos, pero que a pesar de ello tienen elementos en común. Por eso, se hizo necesario volver a mirar a América Latina como un todo, enfatizando aquello que la une, los procesos compartidos que entregan experiencias similares, las dinámicas que hacen que nuestras sociedades tan diferentes en cierto nivel sean tan parecidas en otros. Revisar las construcciones teóricas del concepto de raza, la construcción identitaria de indígenas y afrodescendientes, así como problematizar el campo intelectual desde esta discusión, se transformaron en los objetivos específicos que permitieron complementar el objetivo principal de análisis comparativo entre ambos discursos.

De este modo la tesis se organiza en tres partes. En la primera se hace una discusión y propuesta sobre lo que en este trabajo se definirá como raza, racismo y racialismo, considerando a los grupos indígenas y afrodescendientes en el periodo colonial y republicano a través de una mirada que enfatiza los procesos compartidos; luego se da paso a los contextos históricos de emergencia de la negritud primero y el indianismo después, relevando las dinámicas sociales más importantes de cada época que permiten insertar a cada discurso en un marco de tiempo y espacio.

En la segunda parte de este trabajo se desarrollan la negritud y el indianismo por separado, dando cuenta de sus principales diagnósticos, propuestas y reivindicaciones, así como de los más destacados creadores y difusores de cada discurso. Además de una mirada general, se da cabida a las propuestas que Césaire y Reinaga hicieron para cada discurso, revisando sus obras más importantes.

Finalmente, en la tercera parte se trabajan ambos discursos bajo una perspectiva conjunta que intenta dar cuenta de los aspectos comunes. Uno de estos, y que ameritó un análisis más detallado, fue la trayectoria que Césaire y Reinaga tienen como pensadores y que se desplaza desde la posición de sujetos subordinados a la de intelectuales situados.

¿Cuál es la particularidad de la negritud y el indianismo?, ¿qué definición de identidad nos entregan?, ¿cómo problematizan el racismo y el sistema colonial?, y ¿cuál es el aporte al pensamiento latinoamericano?, son algunas de las preguntas que guían esta tesis y para las cuales se pretende entregar algunas propuestas.

PRIMERA PARTE
Contextualización teórica e histórica

Capítulo 1

Negros, indios y la formación de alteridades racializadas en América Latina

Ser "negro" o ser "indio" en América Latina no es solo una cuestión de color de piel o una mera distinción cultural, sino que involucra una serie de otras valoraciones, generalmente negativas y exotizantes de distinción social. Pero además, indígenas y afrodescendientes "son, en gran medida, los más pobres de la región, presentan los peores indicadores socioeconómicos y tienen escaso reconocimiento cultural y acceso a instancias decisorias"[5]. ¿Por qué entonces dos colectivos distintos, con prácticas culturales diferentes y que además son diversos internamente (pues ser afrodescendiente en Brasil no es lo mismo a ser afrodescendiente en Martinica y, a su vez, ser quechua no es idéntico a ser quiché), comparten condiciones tan similares en las sociedades latinoamericanas?

Mi opción es entender a los afrodescendientes e indígenas en una posición común de alteridad subordinada que está en estrecha relación con la idea de raza y el racismo estructurante de las sociedades latinoamericanas que comienza a construirse en el periodo colonial. La raza, a pesar de haber sido cuestionada duramente en términos políticos, circula a nivel social como un concepto instalado, sobre el cual hay muy pocos cuestionamientos y, por ello, funciona naturalizadamente. El sentido común avalado por algunos discursos científicos y académicos indica que "raza" alude a diferencias biológicas transmitidas genéticamente y, por consiguiente, heredables e inalterables. Pero ser "negro" o ser "indio" implica algo más, no es simplemente una marca diferencial visible, sino una posición subvalorada en la sociedad que se relaciona con el color de la piel, como también con la pertenencia a una cierta clase social, a determinados oficios, a un cierto nivel económico, a una cultura diferente, a hábitos y costumbres distintos. ¿Cómo entender entonces el concepto de raza?, ¿se trata solo de una idea en torno a herencias biológicas, filiativas o más bien es una definición social en la que intervienen otros factores, más allá de lo fenotípico?

---

[5]   Hopenhayn, Martín, Álvaro Bello y Francisca Miranda. *Los pueblos indígenas y afrodescendientes ante el nuevo milenio*. Santiago de Chile: CEPAL, 2006, p. 27.

Según el escritor afrocostarricense Quince Duncan[6], en este tema es siempre necesario partir desde la premisa de la existencia de diversidad fenotípica en nuestras sociedades, y esto porque negar su presencia puede ser tan peligroso como fomentarla. Para el autor, desestimar la existencia de las razas impediría visibilizar las ideologías que se han construido en torno a ella a lo largo de la historia, con consecuencias concretas y materiales. En esta dirección se encuentra la diferenciación que el crítico búlgaro Tzvetan Todorov introduce para este tema: la raza no es lo mismo que el racismo, y ambas son a su vez distintas de la ideología que las sustenta, el racialismo. Para este autor las razas existen y se entienden como diversos grupos humanos cuyos miembros comparten determinadas características físicas al interior de cada grupo; el racismo, en tanto, debe comprenderse como un tipo de comportamiento que, basado en las razas, se manifiesta en odio o desprecio hacia grupos con características físicas distintas a las del grupo que lo ejerce. Finalmente, el racialismo es la doctrina que postula como interdependientes las características físicas de las morales e intelectuales de los miembros de un grupo y que actúa como soporte argumentativo de la subordinación de una raza por parte de otra[7].

Ambos autores establecen una diferenciación que es fundamental para desnaturalizar el concepto de raza y poder entenderlo no solo como algo dado e inalterable. Sin embargo hay una diferencia sustancial entre estos autores, pues mientras para Todorov la raza remite a una distinción basada únicamente en lo biológico, para Duncan es justamente por ese determinismo biológico que se dificulta el camino para comprender cómo la raza, y no solo el racismo o racialismo, es una construcción social en torno a diferencias fenotípicas. Es por ello que para este trabajo se hace necesario poner en perspectiva histórica el concepto de raza y el fenómeno del racismo, para esclarecer, en la medida de lo posible, cómo los indígenas y afrodescendientes han sido construidos como una alteridad racializada e inferiorizada en el proceso de formación de las sociedades latinoamericanas tal y como hoy las conocemos, es decir, desde 1492 en adelante.

Para varios de los autores que han investigado este tema, por ejemplo el científico social británico Michael Banton o el ya mencionado Todorov, el siglo XIX es crucial para entender el cambio de la noción de raza a la de racismo[8]; sin

---

[6]   Duncan, Quince. *Contra el silencio*. San José, C.R.: EUNED, 2001, especialmente el Capítulo II.

[7]   Todorov, Tzvetan. "Race and Racism". Les Black and John Solomos (eds.). *Theories of Race and Racism. A Reader*. London and New York: Routeledge, 2004 (2000), pp. 63-70.

[8]   Durante el siglo XIX en Europa, mientras la discusión sobre los nacionalismos estaba en plena ebullición entre quienes apelaban a una unidad histórico–política y los que definían la nación como una unidad cultural, vínculo dado por la lengua, idiosincrasia o comunidad espiritual, nace la teoría de Charles Darwin sobre el origen de las especies. Esta propuesta científica

embargo y sobre todo para autores latinoamericanos[9], este desplazamiento es anterior y tiene relación con el imperialismo como proceso expansivo y con la colonización de América por parte de algunos países europeos.

Con la llegada de Cristóbal Colón a América y el enfrentamiento de los europeos con los indígenas, tiene lugar en Europa un debate sobre el origen de estos últimos y su condición humana. Mientras algunos sostenían el origen poligenésico de los seres humanos, para otros había un ancestro común. Siguiendo esta última línea, el papa Paulo III señala en 1537, mediante su bula *Sublimus Deus*[10], que los indios descienden de Adán y Eva y, por lo tanto, al tener un origen compartido con los europeos, al menos con los de la Europa católica, estos deben respetarlos y procurar su evangelización. Más adelante y en esta dirección, se promulgan en 1542 las Leyes Nuevas, que van a suspender, al menos de manera oficial, la esclavización y venta de indígenas[11].

Mientras se desarrollaba esta discusión, los indígenas del Caribe y del norte del continente fueron fuertemente diezmados, acabando en algunos lugares con casi el 75% de la población[12]. Esta disminución de la mano de obra nativa motivó que el movimiento esclavista comenzara a trasladarse de África a América durante el siglo XVI, estimándose que más de 10 millones de africanos llegaron al continente de manera forzada entre los años 1500 y 1870[13]. Cabe destacar aquí que la esclavitud, entendida como "la sujeción de un individuo o grupo a la explotación forzada y no remunerada de su trabajo"[14], es una práctica económica anterior a América[15]; sin embargo, es en este proceso de conquista

---

fue apropiada por pensadores sociales y aplicada al modo de vida en sociedad, de manera que el desarrollo del hombre fue entendido como un progreso hacia estadios superiores: desde pequeños bandos hasta ser sucesivamente miembros de clanes, tribus, pueblos, Estados y finalmente imperios. Desde esta perspectiva, en el siglo XIX las razas comenzaron a ser entendidas como subespecies que están en distintas fases del progreso de la humanidad, en que el hombre europeo (blanco e imperialista) y de acuerdo con el pensamiento eurocentrista, encarna el estadio superior. Así, según algunos autores, un determinado color de piel comenzó a asociarse a una cierta moralidad, a grados de intelectualidad, a condiciones materiales y culturales de vida que marcan el paso de la idea de raza al racismo.

[9] Quince Duncan, Aníbal Quijano, Rina Cáceres, Enrique Dussel y Walter Mignolo son algunos ejemplos.

[10] Duncan. Ob. cit., p. 42.

[11] Cáceres, Rina. "Prólogo". Rina Cáceres (comp.). *Rutas de la esclavitud en África y América Latina*. San José, C. R., Editorial de la Universidad de Costa Rica, 2001, p. 10.

[12] *Ibídem.*

[13] *Ibídem.*

[14] Duncan. Ob. cit., p. 60.

[15] En África, por ejemplo, la esclavización de prisioneros de guerra y delincuentes era común, mientras que en Europa, en lugares como Roma, Inglaterra, España y Portugal, se mantuvieron esclavos antes del siglo XVI.

y colonización donde va a ir de la mano con el racismo. El sociólogo peruano Aníbal Quijano, al igual que Duncan, sostiene que los europeos desde antes de la conquista sabían de la existencia de africanos de piel oscura por las relaciones comerciales que con ellos mantenían y, sin embargo, de los conflictos nunca surgió racismo alguno, más bien los pleitos se sostuvieron por desacuerdos culturales, religiosos, económicos o políticos; por lo tanto no se habría pensado a los africanos en términos únicamente raciales antes de América[16]. No obstante, el color negro ya se entendía como signo de lo maligno y peligroso. Por ejemplo, en el Diccionario Oxford de Inglés del siglo XVI, lo "negro" se define como:

> [...] manchado de suciedad, tierroso [...] que tiene propósitos obscuros o de muerte, maligno, perteneciente a la muerte o relacionado con ella, despreciable, desastroso, siniestro (...), relacionado con la desgracia, la censura, el castigo, etc.[17].

Esta definición, que comenzará a asociarse con los africanos, se vio reforzada con la interpretación que el catolicismo hizo para justificar el tráfico de esclavos africanos. Basados en el Antiguo Testamento, el color de piel oscura de los africanos se interpretó como una maldición que Noé dictó contra todos los descendientes de su hijo Cam: luego del Diluvio Universal, Noé se embriagó y desnudó, y mientras sus otros hijos corrieron a cubrirlo, Cam se burló de él. Recobrada la sobriedad y enterado de lo ocurrido, Noé enfureció y maldijo a Cam y a su descendencia[18]. De este modo, los negros africanos adquieren no solo la condición de infieles sino de rechazados por Dios y, en ese sentido, irremediablemente determinados por

---

[16] Por ejemplo, sostiene Duncan que el Estado de Songhay mantenía relaciones comerciales con Europa y sus naves llegaban incluso a Alemania. Ver: Duncan, Quince, ob. cit.; y Duncan, Quince y Lorein Powell. *Teoría y práctica del racismo*. San José de C.R.: Editorial DEI, 1988. Ver también Quijano, Aníbal. "Colonialidad del poder, eurocentrismo y América Latina". Edgardo Lander (comp.). *La colonialidad del saber: eurocentrismo y ciencias sociales. Perspectivas latinoamericanas*. Buenos Aires: CLACSO, 2003, pp. 201-246. Sin embargo, es necesario tener en cuenta que no existe consenso sobre este punto, pues algunos autores sostienen que ya con el cristianismo existía la idea de raza, la que se asociaba a pureza de sangre. Por ejemplo, Kathryn Burn plantea que "cerca de 1492 las políticas castellanas acerca de la 'raza' se centraban en la pureza o impureza de la cristiandad definida crecientemente como un asunto no solo de creencia y práctica sino de herencia, de 'limpieza de sangre' -algo que no podía modificarse en la pila bautismal-", en: Burn, Kathryn. "Desestabilizando la raza". Marisol de la Cadena (ed.). *Formaciones de indianidad. Articulaciones raciales, mestizas y nación en América Latina*. Popayán, Colombia: Editorial Envión, 2008, p. 38. Lo que sí ocurre es que durante el periodo colonial el concepto de raza comienza a desplazarse cada vez más desde la pureza de sangre al color de piel, pasando por momentos de vinculación, hasta llegar a una idea de raza definida únicamente por el fenotipo.

[17] Cáceres. Ob. cit., pp. 14-15.

[18] Duncan. Ob., cit., p. 41

la naturaleza divina. Es así como la población africana, identificada como infiel desde el punto de vista católico, comienza a ser asociada de manera exclusiva con el término negro y con sus significados del siglo XVI.

Con estas discusiones en curso los indígenas y esclavos africanos comienzan a tomar lugar en las sociedades latinoamericanas en formación, de manera que la categoría "indio" fue un término "aplicable a cualquiera que viviera en las Américas antes del encuentro europeo y a sus descendientes, ahora súbditos de España"[19]. Bajo esta denominación y de manera oficial, los indios fueron entendidos como un grupo al que había que proteger y explotar a la vez. Básicamente tributarios, en trabajo o bienes, constituían una categoría administrativa determinada y, en ese sentido, institucionalizada. La categoría "negro", en tanto, hace referencia a personas provenientes de África en calidad de mano de obra esclava que llegan a América desde el siglo XVI mediante una migración forzosa, conocida como diáspora negra. Ahora bien, a diferencia de los indios, los negros tenían una posición ambigua institucionalmente. Según el antropólogo norteamericano Peter Wade, "aunque tenían derechos consagrados en la legislación, era algo poco sistemático y desigual, y el interés principal estaba en el control, no en la protección"[20]. Esto, porque la esclavitud no fue una institución estática, estaba sujeta a las negociaciones entre amos y esclavos, y variaba de lugar en lugar, de modo que se fue transformando a lo largo de la historia hasta su completa abolición en 1888 en Brasil.

Es en este sentido que ni la raza ni el racismo pueden ser entendidos como un concepto y una práctica universal, respectivamente, sino como una idea y conducta que comienzan a tomar forma y fuerza durante el desarrollo del pensamiento eurocéntrico bajo contexto colonial. El eurocentrismo definido como "una perspectiva de conocimiento cuya elaboración sistemática comenzó en Europa occidental antes de mediados del siglo XVII"[21] tiene, según Quijano, al menos tres elementos principales: la articulación entre un dualismo (primitivo-civilizado, tradicional-moderno, etc.) y un evolucionismo lineal desde algún estado de naturaleza a la sociedad moderna europea; la naturalización de las diferencias culturales, de prestigio y posición social entre grupos humanos por medio de su codificación de la idea de raza; y la distorsionada reubicación temporal de esas diferencias, de modo que todo lo no-europeo es

---

19   Silverblatt, Irene. "El surgimiento de la indianidad en los Andes del Perú central: el nativismo del siglo XVII y los muchos significados de 'indio'". Miguel León-Portillas *et al.* (comp.). *De palabra y obra en el Nuevo Mundo*. Vol. 3: La formación del otro. Madrid: Siglo XXI, 1993, p. 462.

20   Wade, Peter. *Raza y etnicidad en Latinoamérica*. Quito-Ecuador: Ediciones Abya-Yala, 2000, pp. 37-38.

21   Quijano. Ob. cit., p. 218.

percibido como pasado[22]. Este sistema de pensamiento es la base fundante de una matriz eurocéntrica, es decir, de un conjunto de representaciones, prácticas e instituciones en que Europa encarna el centro y fin de la historia y cultura de la humanidad. Esta matriz se organiza en torno a dos aspectos: la raza y, en relación a esta, la división mundial del trabajo, los dos ejes que dan forma al nuevo sistema-mundo del que habla el sociólogo estadounidense Immanuel Wallerstein[23]. No obstante, la religión con sus ideas de pureza e impureza de sangre también juega un rol importante en estas definiciones; así, aplicada a América Latina y el Caribe, la matriz eurocéntrica se tradujo en que "cada forma de control del trabajo estuvo articulada con una raza particular"[24]: dirigentes, tributarios y esclavos o, lo que es lo mismo, europeos, indios y negros, siendo las dos últimas categorías referentes de dudosa pureza cristiana.

A partir de estas categorizaciones, en la región comienzan a construirse nuevas identidades –la de negros e indios, pero también la de blancos[25], mestizos y criollos, por mencionar las más importantes– en las que la raza es un elemento constitutivo que está en estrecha relación con ciertas ocupaciones –de poco estatus para negros e indios– y, por tanto, con una determinada posición en la estructura social –generalmente baja y poco valorizada para estos grupos. Esta condición, con ciertos matices, por supuesto, se mantuvo durante todo el periodo colonial y en prácticamente toda América.

Ahora bien, el cambio de sistema político de colonias a repúblicas con Estados nacionales independientes, proceso que comienza en el siglo XIX y termina en la década de los años 1980 del siglo XX[26], no implicó necesariamente

---

[22] *Ibídem*, p. 222.

[23] Wallerstein Immanuel. *El moderno sistema mundial*. México: Siglo XXI Editores, 2003 (1974).

[24] Quijano. Ob. cit., p. 205.

[25] Es necesario tener en cuenta que la categoría "blanco", por lo menos para Hispanoamérica, emerge en el siglo XIX, coincidentemente con la aparición del término en los cuadros de casta. Por entonces, ser blanco no quería decir necesariamente español, además porque este estatus dependía también de la "calidad", es decir, de la reputación o decencia de las personas aludidas. Ver: De la Cadena, Marisol. "Introducción". De la Cadena. Ob. cit., pp. 7-34.

[26] Durante el siglo XIX todos los países de América Latina continental se independizan, incluyendo Haití, República Dominicana, Cuba y Puerto Rico por un breve periodo. Sin embargo, en la zona del Caribe este proceso se inicia, en términos generales, en la década de 1960 con Jamaica y Trinidad y Tobago en 1962, finalizando en los años 1980 con Belice (1981), St. Kitts-Nevis (1983) y Aruba (1986). No obstante, en la actualidad quedan algunos casos pendientes como los DOM franceses (Guadalupe, Martinica y la Guyana Francesa), algunas islas británicas (Anguila, Islas Turcas y Caicos, Islas Caimán, Monserrat e Islas Vírgenes británicas) y territorios estadounidenses (Puerto Rico e Islas Vírgenes estadounidenses).

una transformación profunda de la estructura social y, si bien trajo consigo algunos avances como la abolición de la esclavitud, al realizarse bajo ideas liberales y una perspectiva homogenizadora (una nación, una cultura) las poblaciones afrodescendientes e indígenas continuaron en los márgenes de las sociedades latinoamericanas.

Según el intelectual de origen inglés Benedict Anderson, la nación constituye una agregación de sujetos dentro de una comunidad imaginada como soberana y limitada. Esta definición supone varias cosas. En primer lugar, que sea "limitada" implica la existencia de un territorio dado o límites fronterizos claros; que sea "soberana" apela a que los sujetos en su interior son libres para administrarse de forma independiente, donde el Estado soberano encarna la garantía de dicha libertad; es "imaginada", porque no supone presencialidad ni consanguinidad para otorgar pertenencia; y, finalmente, refiere a una "comunidad", porque más allá de desigualdades y jerarquías, la nación se concibe siempre bajo relaciones de horizontalidad[27].

Sin dejar de reconocer los aportes de este concepto de nación, la anterior definición no considera la variable de poder que atraviesa la construcción de este ideario. Sin embargo, para Stuart Hall, intelectual jamaiquino, la nación es justamente una estructura de poder cultural, pues consiste en culturas distintas y separadas que mediante un proceso de violencia y supresión de la diferencia han sido unificadas. Esto explicaría por qué las naciones están compuestas de diversas clases, razas, etnias o grupos de género, encerrando una amplia diversidad en su interior. Pero además, y esto es fundamental para los procesos nacionales en América Latina, las naciones modernas son construcciones emanadas de los centros de poder imperial, por lo tanto en su formación hay una impronta colonialista[28], impronta que, planteo, se expresa en la fórmula civilización o barbarie y, posteriormente, en un blanqueamiento integracionista, ambas entendidas como estrategias de homogenización cultural claves en los procesos de formaciones nacionales en la región.

Tal como señala el antropólogo argentino Walter del Río[29], central para la construcción de la nación es el territorio sobre el cual imaginarse y ejercer soberanía, permitiendo generar los límites fronterizos hasta los cuales se extiende la nación. Fuera de esos límites existen "otros externos", es decir, una alteridad

---

[27] Anderson, Benedict. *Comunidades Imaginadas. Reflexiones sobre el origen y difusión del nacionalismo*. México: FCE, 1993 (1991).

[28] Hall, Stuart. *A Identidade Cultural na Pós-Modernidade*. Brasil: De Paulo Editora, 1997.

[29] Del Río, Walter. *Etnogénesis, Hegemonía y Nación. La construcción de identidades indígenas y nacionales en la incorporación de la población originaria norpatagónica al estado-nación (1870-1943)*. Tesis para optar al grado de Doctor en Filosofía y Letras. Buenos Aires, Argentina: Universidad de Buenos Aires, 2002.

que permite identificar un nosotros nacional como una unidad cultural distinta. Ahora bien, dentro de los límites del territorio nacional, según este autor, también se construyó un "otro", pero de carácter "interno", que forma parte de la nación pero a la vez representa la encarnación de lo impropio. Y es que ante la importante expansión económica, territorial y social que algunos países europeos y Estados Unidos habían logrado hacia fines del siglo XIX poniendo en práctica ideas liberales de progreso, desarrollo y modernización, unidas al racismo científico que argumentó estos logros en la superioridad genética de su población predominantemente blanca[30], las elites latinoamericanas comenzaron a elaborar tesis sobre las razones de sus desventajas y los caminos posibles para alcanzar el desarrollo. Bajo estas ideas se construyó un "otro interno" como una alteridad que representa la amenaza a la consolidación de la unidad –cultural, pero también económica– y que tiene su máxima expresión en lo que el intelectual argentino Domingo Faustino Sarmiento denominara la barbarie.

El libro de este autor, *Facundo o civilización y barbarie en las pampas argentinas* (1845), desarrolla una interpretación de la sociedad argentina y, por extensión, latinoamericana, en la que los indígenas o las razas americanas y también las poblaciones negras resultan un impedimento cultural, económico y moral para avanzar hacia sociedades civilizadas como las europeas. Señala Sarmiento: "Las razas americanas viven en la ociosidad y se muestran incapaces, aun por medio de la compulsión para dedicarse a un trabajo duro y seguido. Esto sugirió la idea de introducir negros en América, que tan fatales resultados han producido"[31]. Por lo anterior, en varios países latinoamericanos se impulsaron políticas para atraer inmigrantes europeos, quienes al ser considerados por las elites de la época como portadores de valores superiores introducirían no solo su mentalidad sino también sus genes.

Subyace a estas ideas la propuesta de que lo europeo es lo civilizado y lo indígena lo bárbaro, la cual, unida a la política liberal del siglo XIX, abrió paso a varias campañas de exterminio de esta población, a su vida en reducciones, a la pérdida progresiva de sus tierras producto de la introducción de la noción de propiedad privada y, en general, a una marginación de los avances sociales que se concentraban en las ciudades.

Por otra parte, los negros fueron considerados como poblaciones con una natural condición servil, "vistos como seres con fuertes limitaciones culturales"[32], y por lo tanto incapaces de llevar a cabo procesos y prácticas civilizatorias. A diferencia de los indígenas, se les destacaba ciertas virtudes

---

[30] Principalmente basadas en las ideas del inglés Arthur Neville Chamberlain y del francés Joseph Arthur de Gobineau.

[31] Sarmiento, Domingo Faustino. *Facundo*. Caracas: Ediciones Ayacucho, 1977 (1845), p. 28.

[32] Vela, María Elena. "Los afroamericanos en el imaginario de algunos intelectuales argentinos del siglo XIX". Cáceres, Rina (comp.). Ob. cit., p. 414.

"como la fidelidad, el agradecimiento y el patriotismo"[33] producto de su incorporación a las guerras independentistas y a luchas civiles; sin embargo esto no impidió que se los considerara parte de la barbarie, pues "su límite estaba en el muro infranqueable de factores psicosociales que tenían que ver con la raza y se transmitían por los genes"[34].

La construcción de otros internos, de la barbarie americana que "nunca alcanzaría los niveles de progreso y desarrollo propios de la 'civilización' [y que nunca] se convertirían en el tipo perfecto de hombre ejemplificado por el obrero inglés, que 'trabaja, vive y consume digna y confortablemente'"[35], conllevó la legitimación de una particular distribución de derechos y obligaciones entre los miembros de las naciones latinoamericanas, en las que de esclavos y tributarios, pasaron a ser las razas serviles.

En la etapa de oposición entre civilización y barbarie el objetivo fue eliminar a estos grupos, sobre todo a los indígenas, a través de políticas de segregación e incluso prácticas genocidas. Sin embargo, durante las primeras décadas del siglo XX, cuando se produce la crisis del Estado oligárquico y surge el Estado nacional-popular, comenzó un proceso de cambio social gatillado, entre otras cosas, por las migraciones campo-ciudad, el nacimiento de las clases medias y las crecientes necesidades de una población en aumento, que desencadenaron políticas de integración que operaron a todo nivel y que buscaron hacerse cargo de los sectores excluidos de las sociedades latinoamericanas, grupo dentro del cual estaban los indígenas y los afrodescendientes.

Manuel Gamio, intelectual mexicano de principios del siglo XX, sostuvo en su obra *Forjando Patria* (1916) que la primera y más sólida base del nacionalismo es la fusión de las razas. El mestizaje, y ya no las matanzas, sería el camino propuesto para alcanzar la integración: "Toca hoy a los revolucionarios de México empuñar el mazo y ceñir el mandil del forjador para hacer que surja del yunque milagroso la nueva patria hecha de hierro y de bronce fundidos. Ahí está el hierro…Ahí está el bronce….¡Batid hermanos!"[36]. A partir de estas ideas compartidas con otros intelectuales[37] nacen los estudios e investigaciones sobre las poblaciones indígenas y las políticas estatales dirigidas a su incorporación en la sociedad hegemónica a través de diversos mecanismos, como la educación o el servicio militar. Además se da origen al indigenismo, importante corriente intelectual que relevaba el aporte cultural de los indígenas a la construcción nacional y a las sociedades latinoamericanas en general[38].

---

[33] *Ibídem.*

[34] *Ibíd.*, p. 419.

[35] *Ibídem.*

[36] Gamio, Manuel. *Forjando Patria*. México D.F.: Editorial Porrúa, 1992 (1916), p. 6.

[37] Como Gonzalo Aguirre Beltrán o José Carlos Mariátegui.

[38] En el Capítulo 4 de esta tesis se aborda con mayor precisión el indigenismo.

En el caso de las poblaciones negras la integración fue más tardía; su invisibilización, omisión o negación basada en argumentos raciales prevaleció hasta bien entrado el siglo XX. En Costa Rica, por ejemplo, los negros antillanos[39] "desempeñaron pocos cargos de bienestar, prestigio y autoridad en la sociedad de Costa Rica vista en su conjunto"[40], en parte porque el funcionamiento de esta se ha dirigido desde las tierras centrales. Esto aisló geográfica y socialmente a los antillanos, que quedaron confinados a la zona atlántica, con la prohibición, al menos consuetudinaria, del paso hacia su capital y zonas centrales. Esta situación solo cambió a partir de la guerra civil de 1948, luego del triunfo de José Figueres, bajo cuyo mandato se derogaron las leyes que los discriminaban y se dictaron otras que facilitaron su incorporación a nivel de ciudadano, es decir, recién desde mediados del siglo XX adquieren identidad legal.

La integración en este periodo estaba condicionada por la capacidad de asimilación que indígenas y afrodescendientes alcanzaran en la sociedad hegemónica, mestiza ya a estas alturas de la historia. Las diferencias culturales seguían siendo vistas como obstáculos pero ya no se propiciaba su exterminio, sino su incorporación vía homogenización. Este proceso de "blanqueamiento" supone que la sociedad acepta al "indio" y "negro" en la medida que estos adopten los valores "blancos". Sin duda que el blanqueamiento está alineado con la política de civilización o barbarie, pues detrás de estas prácticas paternalistas está la idea del indio y el negro como no civilizados. Pero la práctica de blanquearse no es propia del siglo XX, pues, como tal, es una estrategia de asimilación que proviene de tiempos coloniales. El escritor tunecino Albert Memmi publicó en 1957 su *Retrato del colonizado, precedido por el retrato del colonizador,* ensayo sobre el funcionamiento del sistema colonial inspirado en su propia experiencia bajo el imperio francés. En él, Memmi va dando cuenta de cómo el colonizador y el colonizado se van construyendo dialécticamente en un sistema que funciona en términos binarios, como superior/inferior o blanco/negro. Dentro de este proceso "la única alternativa posible para el colonizado es la asimilación o la petrificación"[41]. Sin embargo, el autor sostiene que la asimilación total, en sus diversas estrategias, siempre le será negada al colonizado, transformándose en una práctica que constantemente se intenta, pero que siempre fracasa. Ahora, lo

---

[39] Para el caso costarricense, se trata de negros antillanos provenientes de Jamaica, que no planeaban establecerse en las costas atlánticas de ese país; por el contrario, llegan con la intención de trabajar en la construcción de un ferrocarril, juntar dinero y retornar a su país. Se trata, por lo tanto, de un negro distinto al colonial.

[40] Olien, Michael. "The Negro in Costa Rica: The Ethnohistory of an Ethnic Minority in a Complex Society". Dissertation: University of Oregon, 1967. Quince Duncan. *El negro en Costa Rica.* San José: Editorial Costa Rica, 2005, 287-301.

[41] Memmi, Albert. *Retrato del colonizado, precedido por el retrato del colonizador.* Argentina: Ediciones de la Flor, 1996 (1957), p. 111.

propio del siglo XX en países ya independientes no es solo la continuación de los esfuerzos de asimilación, sino su institucionalización y puesta en práctica como una política de Estado a través de la idea de integración.

El paso de una sociedad colonial a una republicana contenía "la utopía liberal basada en la idea de que las antiguas diferencias corporativas entre indios, criollos, mestizos y negros darían lugar a una identidad nacional homogénea"[42]. Sin embargo esto no fue así, y en la nación moderna se implementaron políticas racializadas que continuaron marginalizando y aun empeorando las condiciones de vida de ambos grupos. Por ejemplo, Manuel Moreno Fraginals, economista e historiador cubano que dedicó gran parte de sus investigaciones a las poblaciones negras en América Latina, señala con respecto al fin de la esclavitud y al paso de los negros a ser sujetos libres en las naciones modernas de Brasil y el Caribe, que:

> [...] sin familia, sin propiedad, sin concepto de economía personal, y reducida su visión del mundo desde la más temprana juventud a los cañaverales siempre iguales y al batey del ingenio, la abolición de la esclavitud operó traumáticamente en muchos negros africanos y criollos [...] Incapaces de adaptarse al trabajo asalariado, ineptos para siquiera entender las nuevas relaciones de dependencia económica, faltándoles la ropa, la comida y el techo que desde la infancia habían tenido en la plantación, descendieron al último nivel de la degradación social. Con palos y hojas construyeron sus mínimas viviendas a la orilla de cualquier camino y se dedicaron a morir poco a poco[43].

La persistencia del racismo en el periodo de los Estados nacionales habla de prácticas y clasificaciones coloniales que permanecen e influyen en la implementación de políticas modernas, aunque no bajo los mismos significados ni representaciones. Para Wade, la raza pasó a ser entonces un eje estructural de las sociedades latinoamericanas y en este sentido habla de una estructura de alteridad, en la que indios y negros se convirtieron en los "otros" de América Latina. Pero la raza no es la única alteridad posible de encontrar en nuestras sociedades; el género o la clase social también funcionan como alteridades que estructuran nuestro modo de relacionarnos. Además, la raza es un concepto que ha sufrido modificaciones y el racismo se ha expresado diversamente: según el linaje o pureza de sangre, el color de la piel, las conductas, las condiciones psicológicas e incluso desde el romanticismo alemán y posteriormente desde el nazismo,

---

42 Thomson, Sinclair. "¿Hubo raza en Latinoamérica colonial? Percepciones indígenas de la identidad colectiva en los Andes insurgentes". Marisol de la Cadena (ed.). Ob. cit., p. 74.

43 Moreno Fraginals, Manuel. "Aportes culturales y deculturación". Manuel Moreno Fraginals (relator). *África en América Latina*. México: Siglo XXI Editores, 1977, p. 22.

según el origen territorial, una lengua común o una cultura compartida; y "es que los elementos que componen el concepto de raza son anteriores a su emergencia, se mantienen en transformación durante mucho tiempo, cambian de significado y mantienen su sedimento en tensión con los cambios que permiten su adecuación en local[idades] y temporalidades distintas"[44].

Por lo anterior, la raza será entendida aquí como una marcación sociológica basada en fenotipos y el racismo como una práctica estructurada –que como tal ha permanecido en el tiempo–, y a la vez como una práctica estructurante –que es dinámica, en el sentido que no siempre se ha racializado a los grupos humanos de la misma forma. De este modo, el racismo puede ser entendido como un *habitus* de las sociedades latinoamericanas. En términos del sociólogo francés Pierre Bourdieu, el *habitus* se define como un conjunto de disposiciones, duraderas y transferibles, estructuradas y a la vez estructurantes, es decir, como principios generadores de prácticas y representaciones individuales y colectivas, sin suponer una intervención consciente en ellas. Este tipo de prácticas son una encarnación de lo social, a nivel corporal, perceptual y cognitivo, que se expresa en los comportamientos, actitudes, formas de pensar, en gustos y preferencias de los sujetos, y que se enmarca dentro de una realidad que, tal como dice este autor, es *relacional,* es decir, se compone de relaciones objetivas que tienen existencia independiente de vínculos intersubjetivos[45]. Esta forma de entender el racismo permite, por un lado, considerar los componentes permanentes de este tipo de práctica discriminatoria que muchas veces lo hace aparecer como anacrónico y, por otro lado, aprehender lo maleable que resulta este concepto, en el sentido de su rápida adaptación a nuevos contextos. Finalmente, el proceso histórico de la construcción social de la idea de raza, así como su puesta en práctica a través del concepto de racismo, es lo que en este trabajo entendemos por racialización.

En síntesis, las categorías de indio y negro (asociado al africano), como también las definiciones vinculadas a ambos grupos –su condición servil e incapacidad intelectual– tienen un origen colonial, pero aún son funcionales en las actuales sociedades latinoamericanas. Un informe de la CEPAL del año 2006 señala, por ejemplo, que "los indígenas y afrodescendientes reciben menores remuneraciones por trabajos comparables a los del resto de la población y tienen más probabilidades de trabajar en el sector primario de la economía"[46]. ¿Por qué siguen asociadas esas categorías a ciertas definiciones y a determinadas posiciones en la estructura laboral y social si los Estados nacionales actuales se definen como democráticos? Y es que existe una paradoja en el proceso que pone fin al

---

44   De la Cadena, Marisol. "Introducción". De la Cadena. Ob. cit., p. 12.

45   Bourdieu, Pierre. *El sentido práctico.* Madrid: Taurus, 1991.

46   Hopenhayn, Martín. Ob. cit., p. 27.

colonialismo y da comienzo a los Estados nacionales: estos últimos alcanzan la independencia política pero sus sociedades continuaron funcionando bajo relaciones de tipo colonial. Quijano[47], por ejemplo, ha denominado esta situación como colonialidad. Según él, raza y división del trabajo aún funcionan articuladamente reproduciendo prácticas y configuraciones culturales, sociales, económicas y políticas que mantienen a estos grupos en una condición subordinada. La colonialidad, es preciso establecerlo, no es equivalente al colonialismo. Este último consiste en una ocupación territorial y administrativa directa por parte de un país metropolitano, mientras que la colonialidad remite a relaciones coloniales al interior o entre naciones con distinto poder en un contexto en que dichas ocupaciones han sido prácticamente erradicadas.

Esta idea de colonialidad, o de la permanencia de determinadas relaciones de poder en las sociedades republicanas, era ya anticipada por el intelectual y socialista peruano José Carlos Mariátegui, quien en 1928 en su libro titulado *Siete ensayos de interpretación de la realidad peruana*, señala que en las repúblicas, lejos de terminar con el feudalismo como sistema de producción y base de relaciones de producción latifundistas propias de épocas coloniales, se posibilitó su profundización. Al respecto, señala Mariátegui:

> Como la primera, la segunda etapa de esta economía arranca de un hecho político y militar. La primera etapa nace de la Conquista. La segunda etapa se inicia con la Independencia. Pero mientras la Conquista engendra totalmente el proceso de la formación de nuestra economía colonial, la Independencia aparece determinada y dominada por ese proceso[48].

Si la posibilidad de romper con esta situación, que Quijano años después denominó colonialidad del poder, se perdió cuando la revolución no triunfó, lo que tenemos son sociedades con una nueva concentración burocrática del poder y, bajo este, el funcionamiento de una estructura racista que tampoco fue extirpada. Pero el racismo, como dijimos, no es solo un elemento de la colonialidad, sino que es también una práctica dinámica e inserta en un entramado de relaciones objetivas que actualiza, a la vez que complejiza, el entendimiento de su funcionamiento. Un ejemplo de esto es la relación entre raza y etnicidad.

La antropóloga argentina Claudia Briones señala que el vocablo griego *ethnos*, del cual derivan los términos etnia, étnico o etnicidad, recurrentemente se define como una "agrupación humana socialmente organizada según una cultura determinada, sin referencia a la descendencia [la raza] o a la cohesión política

---

[47] Quijano. Ob. cit.

[48] Mariátegui, José Carlos. *Siete ensayos de interpretación de la realidad peruana*. Santiago de Chile: Editorial Universitaria, 1955 (1928), p. 7.

[nación]"[49]. Así planteada, la etnicidad se vincula a factores culturales circulando en las sociedades y discursos académicos como una definición instalada, al igual que la noción biologizada de raza. No obstante, esta investigadora enfatiza en la dificultad de separar la etnicidad de la raza, pues a lo largo de la historia, y desde los campos científico y académico, o se han tratado de borrar las diferencias entre raza y etnicidad, de subsumir una categoría en la otra, o de anular la validez analítica de ambas para reclamar la primacía de otra marcación sociocultural, la clase, dejando claro con esos intentos la difícil desvinculación de ambas nociones. Lo más complejo de esta articulación es lo inconveniente de reducir lo étnico a lo cultural, ya que la etnicidad así entendida perdería la fuerza explicativa para entender por qué no todos, o no siempre, somos "étnicos".

Y es que, al igual que la raza, la etnicidad es una marcación sociológica de diferencias que se modifican en el tiempo y el espacio; no tiene una definición monológica y mucho menos es aplicable a todos los grupos por igual. En esta dirección, Briones define la etnicidad como una:

> [...] categoría de análisis [que] debe apuntar a trabajar la producción social y cultural de [las] asimetrías mediante el examen de procesos de formación de grupos donde su "ser diferentes", lejos de estar simplemente "dado" por una cierta historia, una cierta cultura, una cierta lengua, etc., se inscribe siempre en forma relacional desde y contra una macro y microfísica de poder que –de manera simultánea– va recreando estándares de distintividad (lo "particular") y no distintividad (lo incluso localmente "universal"), así como dirimiendo su mutua jerarquía[50].

Esta forma de comprender la etnicidad contiene varias similitudes con lo que sucede con la raza, pues detrás de estas categorías están las preguntas por cómo, cuándo y quiénes reproducen asimetrías. Así, "mientras en Estados Unidos la etnicidad es un substituto de la categoría 'grupos minoritarios' en referencia a los grupos específicos insertos en un Estado-nación, en Europa ha sido históricamente un sinónimo de nacionalidad"[51]; en tanto, en América Latina la etnicidad se ha asociado a los pueblos indígenas y en menor medida a los pueblos afrodescendientes, según la plasticidad con la que se aplique el concepto. Lo interesante de sus usos es que en Latinoamérica no ha sido utilizado para marcar a las minorías –los indígenas en muchos lugares no lo son, al igual que las poblaciones afrodescendientes en el Caribe, por ejemplo– y tampoco para

---

[49] Briones, Claudia. *La alteridad del "Cuarto mundo". Una deconstrucción antropológica de la diferencia.* Argentina: Ediciones del Sol, 1998, p. 25.

[50] *Ibíd.*, p. 131.

[51] Hopenhayn. Ob. cit., p. 18.

todo el conjunto nacional, sino únicamente para las poblaciones históricamente inferiorizadas y marginalizadas de la sociedad; lo no étnico parece ser todo lo asociado a una cultura occidental blanca. La raza, en cambio, mediante prácticas racistas sí ha operado para el conjunto de la población latinoamericana; los blancos y luego los criollos y mestizos se incluyen dentro de categorías raciales, más no étnicas. Retomando a Briones, en América Latina no todos, o no siempre, son "étnicos".

Así, lo que en Latinoamérica existe es una tensión entre ambas categorías pues las razas serviles pasaron a ser, al mismo tiempo, las poblaciones étnicas de la región. Al respecto, Briones señala: "aunque las dinámicas clasificatorias preponderantes vayan circunscribiendo a ciertos grupos como 'raciales' y a otros como 'étnicos', su alterización efectiva suele involucrar la coexistencia de marcas de ambos tipos"[52]. Lo importante, más que determinar si a los indígenas les corresponde una clasificación más étnica y a los afrodescendientes una más racializada, es entender:

> […] las prácticas y procesos por los cuales parte de tal diversidad se convierte selectivamente en *diferencia*. Esto es, en marca de una distinción que, la mayor parte de las veces, comporta algún tipo de desigualdad entre las condiciones de existencia de quienes quedan de un lado o de otro de la divisoria así establecida[53].

El contexto en el que se ejerce este tipo de prácticas deviene entonces relevante, no solo porque el racismo y la etnicidad varían de lugar en lugar y de tiempo en tiempo, sino porque es necesario explicitar que si existe un "otro" es porque alguien lo designa así, premisa fundamental de toda construcción identitaria. Ahora bien, hasta lo aquí expuesto, indio y negro no se pueden entender como categorías de autoidentificación sino como una clasificación externa, dada por los grupos de poder hegemónicos de las sociedades latinoamericanas. Entonces ¿cómo y cuándo ser indio y ser negro pasó a ser una identidad asumida que subvierte las valoraciones negativas por siglos construidas en torno a ideas racializadas, apropiándose de las marcas que los marginalizan y de su representación social? La negritud y el indianismo entregan una respuesta en este sentido, pero antes de entrar directamente a ellos es necesario comprender el contexto que permite la articulación de estos discursos.

---

[52] Briones. Ob. cit., p. 253.

[53] *Ibíd.*, pp. 251-252.

Capítulo 2

El Caribe y la región andina en el siglo XX: el marco espacio-temporal de emergencia de la negritud y el indianismo

Para comprender el surgimiento y la fuerza que la negritud y el indianismo han tenido en las sociedades latinoamericanas resulta fundamental considerar el contexto en el que surgen. Al situar estos discursos en un eje de tiempo y espacio determinado podemos visibilizar las dinámicas que los hicieron posibles y que permiten comprenderlos como resultantes de un proceso más amplio. No se trata entonces de expresiones espontáneas, pues, como veremos, por la misma época de su aparición ya existían diversas voces que desde diferentes ámbitos y distintos canales cuestionaban la posición de negros e indios en la historia de América Latina. Pero, por el contrario, tampoco podríamos afirmar que había un movimiento social de negros e indios plenamente articulado al momento de la irrupción de estos discursos[54]. Y es que cabe aquí una precisión: la negritud y el indianismo son discursos identitarios que, solo mirados con la perspectiva del tiempo, se pueden entender como parte de movimientos sociales más amplios. Su especificidad como discursos, es decir, como propuestas articuladas en torno a una identidad se encuentra a través de los textos y producciones de sus principales exponentes. Es por ello que el marco sociohistórico en el que irrumpen estos discursos y sus creadores, deviene importante y necesario de revisar.

---

[54] Por un movimiento social plenamente articulado entiendo no solo un discurso en torno al cual exista legitimación, sino además una acción política concreta, actividades programáticas y efectiva movilización social orientadas a crear un cambio a nivel de la sociedad.

El Caribe de raíces africanas

> "Sobre el mar de Colón, aupadas todas,
> sobre el Caribe mar, todas unidas,
> soñando y padeciendo y forcejeando
> contra pestes, ciclones y codicias,
> y muriéndose un poco por la noche,
> y otra vez a la aurora, redivivas,
> porque eres tú, mulata de los trópicos,
> la libertad cantando en mis Antillas"
>
> Luis Palés Matos, *Mulata-Antilla*

En la vuelta del siglo XIX al XX es posible sostener que en el Caribe estaban en desarrollo dos tendencias que marcaron el devenir de sus sociedades a lo largo del siglo XX: una política-económica de carácter externo, marcada por la influencia y dominio que los países imperiales ejercían sobre los países caribeños en ese momento, y otra social-cultural de carácter interno, que dice relación con un proceso de búsqueda de lo propio que emerge como respuesta a las presiones foráneas, y que es en la cual profundizaré. En el entendido que ambas tendencias están mutuamente influidas y pertenecen a un proceso conjunto, su separación, de orden analítico, permite entender cómo van tensionando a las sociedades caribeñas de esta época.

En términos políticos, al comenzar el siglo XX el Caribe aún se encontraba colonizado por los grandes imperios europeos; los movimientos por la emancipación, que en algunos países de América Latina ya comenzaban a celebrar su centenario, tendrían que esperar medio siglo más para expandirse por esta región. Pero, paradójicamente, es en el Caribe donde se inició el ciclo independentista latinoamericano cuando en 1804, y bajo el nombre de Saint-Domingue, la principal colonia francesa alcanza su independencia política formal y su libertad a través de una revolución liderada por esclavos negros, naciendo entonces Haití. Esta hazaña, que no logró concretarse en otras islas, es secundada únicamente por República Dominicana, que en 1844 se independiza de Haití. Luego, en los albores del siglo XX, Cuba proclamará su independencia en 1902 con la redacción de su Constitución y la realización de elecciones presidenciales. Sin embargo, "la búsqueda de una mayor identidad nacional y el desarrollo de proyectos autonomistas reales"[55] poco a poco se fue neutralizando a través de factores externos manejados desde centros de poder, entre los que se cuenta la sujeción financiera y bancaria que generaron una dependencia económica con las metrópolis, muchas veces en complicidad con las clases dominantes de los países caribeños.

---

[55] Pierre-Charles, Gérard. *El Caribe contemporáneo*. México/España: Siglo XXI Editores, 1998 (1981), p. 22.

A esta situación de dependencia, medianamente compartida por muchos países independizados de América Latina, se suma una nueva etapa imperialista marcada por la presencia cada vez mayor de Estados Unidos en el área. Las intervenciones del gigante del norte comenzaron en 1898 en Cuba (entre 1898 y 1903) y Puerto Rico (1898 a la fecha) para luego seguir con República Dominicana (1908, entre 1916 y 1924, y en 1965) y Haití (entre 1915 y 1934), definiendo no solo sus directrices económicas sino también el ámbito político interno. Y es que luego de la Primera Guerra Mundial y de la gran depresión económica de 1929, el centro de poder se traslada de Europa a Estados Unidos, último país imperialista que se lanza a la conquista del Caribe.

El interés por dominar estos territorios a principios del siglo XX se explica por el potencial económico que aún representaban. La producción azucarera seguía siendo rentable y la plantación, el principal sistema económico del Caribe, con Estados Unidos en la zona, comienza a industrializarse. Con el tiempo, la estructura productiva se abrirá a otros campos, como el frutícola, el petrolero o el turístico, altamente demandados, dando inicio a una producción manufacturera y de servicios antes inexistente. A ello debe sumarse una mano de obra barata y cautiva conformada por los descendientes de los ex esclavos y los nuevos trabajadores que mediante un sistema de enganche llegaron desde China, India, Java, entre otros lugares. Por otro lado, el Caribe seguía siendo un lugar estratégico militarmente, el que a Estados Unidos le acomodaba adquirir –por su cercanía geográfica– y a los países europeos como Inglaterra, Francia y Holanda les convenía mantener. Y es que, como dijo el político y escritor dominicano Juan Bosch,

> [...] la historia del Caribe es la historia de las luchas de los imperios contra los pueblos de la región para arrebatarles sus ricas tierras; es también la historia de las luchas de los imperios, unos contra otros, para arrebatarles porciones de lo que cada uno de ellos había conquistado; y es por último la historia de los pueblos del Caribe para libertarse de sus amos imperiales[56].

El Caribe seguía siendo una frontera imperial; no obstante, a nivel social y cultural sus pueblos comienzan una nueva etapa respecto a su identidad. Si la autonomía política y económica era tan difícil de conquistar, la búsqueda de una identidad social y cultural propia se volvió entonces una necesidad. Ahora bien, la historia de los pueblos del Caribe para libertarse de sus amos imperiales no comienza en el siglo XX; las comunidades cimarronas son uno de los más claros y antiguos ejemplos de insubordinación, resistencia y rebeldía ante el sistema

---

[56] Bosch, Juan. *De Cristóbal Colón a Fidel Castro. El Caribe frontera imperial*. Santo Domingo: Editorial Corripio, 2000 (1970), p. 12.

colonial, y por extensión a la cultura y vida en sociedad impuesta por Europa. Sin embargo, lo que comienza a ocurrir en la primera mitad del siglo XX ya no es una huida sino un proceso de aceptación y reconocimiento de lo que el sistema colonial por siglos había deslegitimado culturalmente: las raíces africanas empiezan a ser vistas como parte sustantiva de la identidad caribeña, y nacional, y a influir en el quehacer cultural –y con el tiempo también político– de sus pueblos.

Al movernos en torno a la negritud podemos observar las variantes de un proceso de reapropiación y reconocimiento de lo africano en la cultura caribeña de acuerdo con los países en donde se desarrolla. Según la información recabada para esta tesis, es en Haití donde encontramos ya desde finales del siglo XIX a un grupo de intelectuales que, en respuesta al pensamiento y propaganda racista de la época[57] proveniente de Europa y crecientemente de Estados Unidos, defendían la raza negra y proclamaban la igualdad de las razas humanas, entre quienes destacan Joseph Anténor Firmin (*De l'egalité des races humaines. Anthropologie positive*, 1885), Hannibal Price (*De la réhabilitation de la race noire par la république d'Haití*, 1900) y Louis Joseph Janvier (*L'egalité des races*, 1884), todos afrodescendientes. El primero de ellos, Firmin, fue además un destacado miembro del Partido Liberal, cuyos líderes eran principalmente mulatos; mientras que Janvier integró el grupo de ideólogos *noiristes*, intelectuales negros del Partido Nacional conformado por una alianza de intereses que se oponía a la elite tradicional mulata.

La importancia que tiene el color de la piel de estos intelectuales y líderes políticos radica en que en la sociedad haitiana posrevolucionaria la raza seguía constituyendo un patrón determinante que en general coincidía con la clase social. Por ello, el objetivo de estos intelectuales, y sobre todo el de los *noiristes*, era divulgar que los hombres de todas las razas son iguales y fundamentalmente los mismos, enfatizando con orgullo la importancia de las antiguas civilizaciones de África en sus escritos, en claro enfrentamiento al etnocentrismo europeo. No obstante, "aceptaban que el modelo europeo era el que los haitianos debían seguir en cuestiones de cultura y civilización"[58], y es que por la época, la elite y los intelectuales haitianos seguían siendo francófilos.

Con la ocupación de Haití por los estadounidenses entre 1915 y 1934, la resistencia haitiana se organizó en un movimiento nacionalista que estaba estrechamente relacionado con los intelectuales haitianos, sobre todo etnólogos y literatos, siendo los más destacados Jean Price Mars (1879-1969) y Jacques Roumain (1907-1944), respectivamente. En 1928 Price Mars publicó su célebre libro titulado *Así habló el tío* (*Ainsi parla l'oncle*), compilación de conferencias realizadas desde 1920 sobre las

---

[57] Nos referimos al surgimiento en el siglo XIX del darwinismo social y las tesis positivistas que buscaban confirmar científicamente que las diferencias geográficas y culturales estaban relacionadas con la raza y que el hombre blanco era de la raza superior.

[58] Bethell, Leslie. *Historia de América Latina*. Vol. 9: México, América Central y el Caribe, 1870-1930. Barcelona: Editorial Crítica, 1992, p. 286.

costumbres sociales, el folclore popular y las creencias religiosas de su país, en las que a su vez criticaba a los intelectuales el poco aprecio a sus orígenes africanos y a lo que implica ser haitiano; señala Price Mars:

> [...] a medida que nos esforzábamos por ser franceses "de color", olvidábamos ser haitianos a secas, es decir, hombres nacidos en condiciones históricas determinadas, que habían recogido en sus almas, como todos los grupos humanos, un complejo psicológico que da a la comunidad haitiana su fisonomía específica. Desde entonces todo lo que es auténticamente indígena –lenguaje, costumbres, sentimientos, creencias– se hizo sospechoso, tachado de mal gusto a los ojos de la clase refinada ebria de la nostalgia de la patria perdida[59].

En este sentido, el autor apelaba a la necesidad de sostener una mirada histórica y sociológica propiamente haitiana, desprendida de los ojos coloniales franceses. Sus aportes en esta materia le valieron el nombramiento de director del Instituto de Etnología, entidad fundada en 1941 por Jacques Roumain. Pero, tras la muerte de este último, Price Mars dejó el Instituto "bajo el control absoluto de Larimer Denis y de François Duvalier, quienes lo desviaron de su misión científica e hicieron de él rápidamente el centro de difusión de sus divagaciones ideológicas"[60]. Denis y Duvalier, entre otros, son considerados por la época una joven generación de intelectuales negros de clase media fundadores del grupo *Les Griots*[61], el cual sostenía que "los haitianos, por ser biológicamente de la raza africana o negra, tenían una psicología diferente de la de los blancos y no debían tratar de seguir pautas europeas de cultura, educación y estructura social"[62], llevando de este modo al extremo la influencia del pensamiento *noiriste* y de los postulados de Price Mars[63].

---

[59] Price Mars, Jean. *Así habló el tío*. República Dominicana: Editorial Manatí, 2000 (1928), pp. 22-23.

[60] Depestre, René. "Jean Price-Mars (1876-1969)". Jean Price Mars. Ob. cit., p. 14.

[61] *Griot* es una palabra de origen africano que alude al narrador de cuentos, poemas y sucesos dentro de los pueblos o comunidades. Cumplen el rol social de portadores y transmisores de la historia y la cultura.

[62] Bethell, Leslie. *Historia de América Latina*. Vol. 13: México y el Caribe desde 1930. Barcelona: Editorial Crítica, 1998, p. 276.

[63] Al respecto, Elzbieta Sklodowska señala: "La corriente literaria y socio-crítica asociada con *Les Griots: Revue scientifique et littéraire d'Haiti* (1938-1940) tenía sus raíces en el movimiento indigenista haitiano promulgado por la *Revue Indigène* (1927-1928). No obstante, el énfasis de *Les Griots* en la ideología de *noirisme* se tiñó del odio racial bajo el liderazgo de Françoise Duvalier, alejándose de los ideales reivindicadores del indigenismo". *Espectros y espejismos. Haiti en el imaginario cubano*. Madrid: Iberoamericana Vervuert, 2009, p. 166.

La asociación entre los fundamentos de Price Mars y la ideología que sustentó posteriormente el régimen de François Duvalier (1957-1971) han desprestigiado la importancia de este intelectual, a quien además se le ha criticado de propiciar un africanismo que involucraría una renuncia a lo francés o a todo aquello que no sea de origen africano.

Lo relevante de este autor y su obra es que, contrario a lo que señalan sus críticos, reivindicó al negro como un sujeto histórico portador de una cultura propia e igualmente legítima, y particularmente a los haitianos como una comunidad conformada por una doble herencia: francesa y africana, procurando el reconocimiento de la diversidad de sus orígenes y el respeto de los aportes de los afrodescendientes a su cultura.

Desde el frente literario, es Jacques Roumain quien destacadamente contribuyó a estrechar las relaciones entre la cultura y el nacionalismo en el periodo de la ocupación norteamericana, sobre todo a partir de sus trabajos en *La Revue Indigène* (1927 - 1928). Tanto en sus poemas como en su conocida novela *Los gobernadores del rocío* (*Les gouverneurs de la rosée*, 1944), este autor se sumerge en el mundo haitiano de raíces africanas para dar cuenta, desde una perspectiva marxista, de los conflictos de su pueblo. Por ello es conocido como el máximo exponente del indigenismo haitiano o *littérature indigène*, que hace referencia a una tradición literaria específicamente haitiana, distinta de su progenitora francesa, que recoge las costumbres y hábitos de Haití. Al igual que Price Mars, este intelectual también dedicó parte de sus investigaciones a los estudios etnográficos y es recordado como uno de los impulsores y difusores del marxismo en Haití, ya que, en los años 1930, fundó el Partido Comunista.

Entre los *noiristes* y los intelectuales de la ocupación –periodo que va entre 1870 y 1940 aproximadamente– existe una continuidad con respecto a la necesidad de reconocimiento desde distintos frentes, el político y literario, por ejemplo, de los aportes de la herencia africana que por siglos habían sido despreciados por la cultura hegemónica francesa. Sin embargo, los intelectuales de la ocupación, a diferencia de los *noiristes*, ya no defienden la igualdad de las razas humanas y tampoco ven en la cultura europea un modelo a seguir o imitar. Los intelectuales de la ocupación no buscaron equiparar las culturas, sino el reconocimiento de una cultura propia, distinta a la de los colonizadores, pero igualmente válida y respetable.

Paralelo al movimiento intelectual haitiano, en Jamaica de principios del siglo XX entra en escena Marcus Mosiah Garvey (1877–1944), uno de los pensadores más influyentes en el Caribe de habla inglesa y en las zonas de la cuenca caribeña de Estados Unidos y América Central. Cuando en 1914 funda la Asociación Universal para el Mejoramiento de los Negros (UNIA, sigla en inglés), Garvey ya había visitado Costa Rica, Panamá, Colombia, Venezuela, Ecuador, Nicaragua, Honduras e Inglaterra, en viajes que le permitieron enterarse de las condiciones en las que vivían los negros, llegando en todos lados a la misma conclusión: es "una raza marginada, en los estratos más bajos de la sociedad, postrada bajo el yugo de la explotación, trabajando para otros, desarrollando la riqueza ajena"[64], sin reino, ejército o marina alguna. Fruto de esas experiencias, Garvey pone en marcha la UNIA con el propósito de crear una fraternidad universal que agrupe a todos los negros emigrados de África –forzadamente o no– para construir allí, libremente, un Estado negro. Su propuesta de retorno a África lo instala en la corriente migracionista que desde fines del siglo XIX había tomado fuerza en el Caribe inglés y en Estados Unidos. Frente a esta corriente de pensamiento estaba la integracionista, encabezada por el afronorteamericano William Edward Burghardt Du Bois, que luchaba contra las marginaciones y discriminaciones hacia los afrodescendientes, con el objetivo de que estos logren una real incorporación en la sociedad estadounidense. Sobre ello, Du Bois señala:

> La historia del negro norteamericano es la historia de esta lucha, este deseo ardiente de alcanzar la plena conciencia del hombre, de amalgamar este doble sí-mismo en UNO mejor y más real. En esta 'incorporación' no desea la desaparición de ninguno de sus antiguos sí-mismos. No quiere africanizar América, porque América tiene demasiado que decir al mundo y al África, ni quiere blanquear su alma negra con un americanismo blanco, porque sabe que la sangre negra trae un mensaje al mundo. Desea simplemente hacer posible esta ambivalencia a los hombres, a fin de que se pueda ser al mismo tiempo negro y americano, sin ser por eso rechazado ni maldito por sus camaradas, sin que las puertas de la oportunidad se le cierren inexorablemente[65].

Los migracionistas, por el contrario, consideraban necesario volver a África para construir una nación para todos los negros y así alcanzar la verdadera liberación.

Los planteamientos de Garvey y la fundación de su Asociación no fueron bien vistos por la elite colonizada de su país, mayormente mulata, que desconfiaba de su lucha. La sociedad jamaiquina de la época se encontraba aún fuertemente marcada por las diferencias sociales según la raza, a pesar de que no existía una raza blanca dominante y una negra dominada, sino un abanico de categorías. Sin embargo, quienes detentaban el poder eran los mulatos, y Garvey era solo un negro de clase media. Pero las dificultades encontradas en su país no le impidieron ampliar su movimiento tal como lo había imaginado y, luego de la Primera Guerra Mundial, se va de gira por Estados Unidos, organizando en

---

[64]   Duncan, Quince y Lorein Powell. Ob. cit., 1988, p. 157.

[65]   Du Bois, W.E.B. "Los combates espirituales de los negros de Norteamérica" (fragmento de *The Souls of Black Folks*, 1903). *Revista Casa de las América*. Año VI. N° 36-37, may-ago, 1966, p. 143.

1916 la rama neoyorquina de su Asociación en el barrio de Harlem, en donde funda la revista *Mundo Negro*[66]. En 1919 crea una línea marítima, la *Black Star Line*, y al año siguiente realiza en Nueva York la I Convención Internacional de su Asociación en la que no solo es elegido Presidente Provisional del África sino que además proclama:

> [...] la Declaración de los Pueblos Negros del Mundo, en el que aparte de la vigorosa denuncia de los hechos bárbaros del colonialismo y la discriminación racial, se denuncia a la Liga de las Naciones por su ineficacia en cuanto a la defensa de los derechos de los pueblos oprimidos, se afirma el negro libre y digno y se establece el 31 de agosto como Día Internacional del Negro[67].

La fuerza que comienza a tomar su movimiento también inquietó a la sociedad blanca estadounidense, cuyos grupos racistas llegaron incluso a atentar en contra de su flota y a catalogarlo irónicamente como "la pantera negra". Ante las campañas de desprestigio y las disputas con intelectuales de otras tendencias como Du Bois, Garvey decide concentrar sus esfuerzos en movilizar a las masas y a organizarlos para su liberación; para ello funda una Iglesia Negra de confesión ortodoxa y comienza a expandir su lema *Africa for the Africans, at home and abroad. One God, One Aim, One Destiny*[68]. Años más tarde sus ideas sirvieron de inspiración para la organización del movimiento Rastafari en Jamaica, fundado en la década de los años 1930, "quienes se consideran africanos, reconocen al emperador Haile Selassie como Dios Viviente y afirman que su destino es regresar al África (I-tiopía)"[69].

Muchas de las críticas a Garvey justamente apuntan al afrocentrismo de sus discursos y a que propiciaba un retorno utópico que no solucionaba el problema de fondo: el racismo que afectaba a los negros, específicamente en el Caribe y América. Sin embargo, el movimiento de Garvey –o garveysmo– para los años 1920 ya tenía tanta fuerza y expansión que resulta imposible de ignorar en el plano caribeño, y mucho menos desestimarlo como pionero del panafricanismo y como el primer líder en organizar a las masas negras internacionalmente. Además,

---

[66] Esta revista y su participación en el movimiento negro en Estados Unidos lo ubica como uno de los mayores exponentes del Renacimiento de Harlem o *New Negro Movement*, movimiento intelectual y artístico negro desarrollado sobre todo en el barrio de Harlem, Nueva York, entre los años 1914 y 1940 aproximadamente. Langston Hughes, Claude Mackay y Richard Wright fueron otros de sus más destacados representantes.

[67] Duncan, Quince y Lorein Powell. Ob. cit., p. 159.

[68] "África para los africanos, hogar y extranjero. Un dios, un objetivo, un destino".

[69] Citado en Brathwaite, Edward Kamau. "Presencia africana en la literatura del Caribe". Moreno Fraginals. Ob. cit., p. 156.

el garveysmo contribuyó a la creación de una conciencia negra clave años después para el movimiento nacionalista e independentista en Jamaica (años sesenta)[70].

Ya avanzados algunos años del siglo XX y en el área hispana del Caribe –Cuba y Puerto Rico principalmente–, comienza a aparecer de la mano de algunos hombres de letras, una expresión literaria denominada negrismo, que incorpora como tema y material de inspiración para sus creaciones el mundo cultural del negro como nunca antes se había hecho. Según el intelectual haitiano René Depestre, el negrismo rompe "con la representación de la 'condición negra' que encontramos en la tradición literaria francesa o española; en las literaturas de la plantación colonial; en las crónicas de negreros de toda índole; en la poesía romántica y costumbrista"[71] o, lo que es lo mismo, con un negro exotizado, "esencial o invariablemente burlesco, fabuloso, mítico, decorativo, bucólico; es decir, siempre falso, peyorativo, desvalorizado"[72]. Y no solo eso, para algunos críticos como el puertorriqueño Roberto Márquez, el negrismo emergió como una alternativa democrática liberal al discurso hispanófilo dominante[73], no solo por la revaloración de lo negro sino porque además estos trabajos incluyen, sobre todo en poesía y novelas, un vocabulario de origen africano y popular ajeno a lo establecido por el canon de la época.

Ahora bien, tanto para Depestre como para Jorge Schwartz, el negrismo solo es una manifestación literaria pues "no se configura como un movimiento estético organizado, regido por manifiestos o propuestas teóricas, análogo a los *ismos* de la década (futurismo, expresionismo, dadaísmo, cubismo, etc.)"[74], y además ambos la entienden como parte de lo que estaba ocurriendo con las artes en la Europa de entonces. Señala Schwartz:

> El negrismo, como tema de vanguardia, constituye un repertorio importado, desvinculado de una realidad vivenciada. Se trata de un discurso plástico producido por una elite artística blanca y europea que incorpora la temática negra para divulgarla ante un público también blanco, en general, perteneciente al mismo grupo de elite cultural[75].

---

[70] Para más información ver: Palmer, Colin A. "Identity, Race, and Black Power in Independent Jamaica". Franklin W. Knight and Colin A. Palmer. *The Modern Caribbean*. USA: The University of North Carolina Press, 1989, pp. 111-128.

[71] Depestre, René. "Aventuras del negrismo en América Latina". Leopoldo Zea. *América Latina en sus ideas*. México: Siglo XXI, 1986, p. 351.

[72] *Ibídem*.

[73] Márquez, Roberto. "Emergence of a Caribbean Literature". Knigth and Palmer. Ob. cit., pp. 293-340.

[74] Schwartz. Ob. cit., p. 65.

[75] *Ibíd.*, p. 66.

Siguiendo la misma línea, Depestre sostiene que en Europa:

> [...] el descubrimiento de las artes escultóricas de África coincidió con la crisis del impresionismo y demás modos más o menos figurativos y naturalistas de expresión. Expresionistas, fauvistas y –especialmente– cubistas, deseosos de explorar nuevas formas de creación plástica, se encargaron de integrar a sus propias búsquedas las experiencias africanas en materia de arte[76].

De estas apreciaciones es posible comprender que, por un lado, el negrismo o la literatura negrista está presente en Europa al menos desde los viajes de descubrimiento en adelante, y por otro, que las manifestaciones artísticas negristas de la Europa de principios del siglo XX no fueron aparejadas de "una tendencia ideológica de fondo liberacionista"[77], porque justamente mantenía una mirada exotizante y colonialista ante el mundo negro.

La versión latinoamericana y particularmente caribeña del negrismo, si bien no puede comprenderse como una simple apropiación imitativa importada desde Europa, tampoco se desprende completamente de esa actitud, sobre todo en los pioneros trabajos de sus primeros exponentes. El cubano Alejo Carpentier (1904-1980) es uno de los primeros intelectuales en aproximarse al mundo antillano de origen africano, cuando en 1927 publica su primera novela *¡Ecué Yambá Ó!*, relato ficcional sobre la ritualidad aportada por afrocubanos, jamaicanos y haitianos, escrito en un contexto marcado por las oleadas migratorias de braceros que buscaban trabajo en los ingenios azucareros del oriente cubano. A principios del siglo XX, la llegada de inmigrantes antillanos a Cuba está cargada de un racismo hacia estos que tiene sus orígenes en un importante flujo migratorio que se produce desde Haití hacia Cuba luego de la revolución de 1804, generando terror por lo acaecido pero sobre todo por la posibilidad que una insurrección de esclavos negros se repitiera en la isla grande. Este imaginario cargado de estereotipos y prejuicios, heredado y transmitido por generaciones, inunda *¡Ecué Yambá Ó!*, según la literata polaca Elzbieta Sklodowska:

> [...] desde una referencia burlona a "negros doctos en *patúa*" que no se hacían entender "en cristiano", hasta el tono que registra los gestos de desprecio que entre los campesinos cubanos "producían esos negros inferiores", "hijos de la gran perra" y gente de "mala comía"[78].

---

76 Depestre. Ob. cit., p. 349.

77 Schwartz. Ob. cit., p. 66.

78 Sklodowska. Ob. cit., p. 87.

Tal vez fue por este imaginario estereotipado que, tiempo después, Carpentier renegó de su primera novela. No obstante, el trabajo literario de este autor, paralelo e influido por la investigación antropológica (en 1927, por ejemplo, escribe dos ensayos sobre música afrocubana: *La Rebambaramba. Ballet afrocubano* y *El milagro de Anaquilé. Misterio coreográfico afrocubano*) se fue complejizando y despojando de los primeros prejuicios. Años más tarde, en 1949, escribió unos de sus trabajos más importantes, la novela *El reino de este mundo*, en la que la historia y el mundo religioso vuduísta haitiano se van entrelazando. Si bien Carpentier es más reconocido por sus aportes en la tendencia literaria de lo real maravilloso que en el negrismo, no cabe duda que él es un referente importante al ser uno de los primeros en poner la mirada artística-literaria sobre los orígenes africanos de las Antillas.

En Puerto Rico encontramos al poeta Luis Palés Matos (1898-1959), quien es considerado por algunos como el fundador del negrismo al escribir entre 1917 y 1919 los poemas *Danzarina africana* y *Esta noche he pasado*, anteriores incluso al trabajo de Nicolás Guillén. Sin embargo, fue con su poemario *Tuntún de pasa y grifería* publicado en 1937 que puso en la escena cultural puertorriqueña la presencia del negro y del mulato en las Antillas. Con un lenguaje ajeno al de la poética tradicional, introduce un vocabulario de origen africano para describir y contar los mitos y leyendas de la cultura afroantillana. Para Mercedes López-Baralt, su crítica y principal investigadora, Palés Matos

> …no describe el mundo africano, pues en las Antillas este no existe. Tampoco al mulato, que sí puebla las calles y barrios de su país. Optando por una estrategia muy distante de la del cubano Nicolás Guillén, se decide por la invención de mitos, para construir el espejo que devolviera a su patria el rostro múltiple y mulato que la oficialidad y el canon literario intentaron borrar durante mucho tiempo[79].

Al igual que Carpentier, Pales Matos no es mulato ni negro, y tampoco portavoz de este sector de la sociedad; su mérito entonces es que introduce de este modo, y como señala Cornejo Polar[80], una heterogeneidad en su escritura que se abre a un mundo cultural rechazado por las elites no solo de su país sino del Caribe en su conjunto.

---

[79] López-Baralt, Mercedes. "La africanía mítica en el negrismo del poeta Luis Palés Matos". *Para decir al otro. Literatura y antropología en nuestra América*. España: Iberoamericana Vervuert, 2005, p. 461.

[80] Ver, por ejemplo, Cornejo Polar, Antonio. *Sobre literatura y crítica latinoamericanas*. Caracas: Ediciones de la Facultad de Humanidades y Educación, Universidad Central de Venezuela, 1982.

En Cuba, en tanto, encontramos a Nicolás Guillén y a Fernando Ortiz, dos de los intelectuales más importantes en lo relativo a la valorización de la cultura negra. Nicolás Guillén, considerado uno de los más importantes negristas, irrumpe en la escena cultural con sus poemarios *Motivos de son* (1930) y *Sóngoro consongo* (1931), los que con un lenguaje poético diferente al utilizado hasta ese momento, más sonoro y cercano a la oralidad, aluden al imaginario étnico y popular del pueblo cubano:

> Ya el son constituía una genuina síntesis criolla de lo africano y lo español. Guillén, al trasvasarlo al reino poético, logra su contribución expresiva más singular; logra un tono lírico nuevo, con un ritmo, una melodía propiamente poética, tan inéditas como lo eran entonces los personajes y las voces que desde ellos cantaban[81].

Guillén instala desde la poesía una imagen de la identidad nacional y cultural cubana inexplorada: la mestiza. Según Márquez, la afirmación de la africanía que instala Guillén no fue abstracta, sino que, por el contrario, su trabajo transforma al negro en el cuerpo material y simbólico de una nación heterogénea. La autonomía literaria y su apelación al mestizaje como símbolo de cubanidad, entregan la originalidad necesaria a un negrismo que se diferencia del europeo.

Más allá de su poesía, Guillén dedica parte de su trabajo a la instalación de los temas afrocubanos en su país, a partir de sus labores como periodista, "al publicar una serie de artículos en 'Ideales de una raza', página negra del suplemento dominical del Diario de la Marina"[82]. Años más tarde participará como vicepresidente de la Sociedad de Estudios Afrocubanos, fundada en 1936, cuyo presidente fue Fernando Ortiz. En el marco de esta actividad escribieron en conjunto *Contra los racismos*, manifiesto contra los prejuicios raciales, relevando con mirada histórica las razones de los prejuicios hacia los negros en Cuba.

Fuera de la órbita literaria del negrismo, pero fundamental a la hora de mencionar a los intelectuales que promovieron la cultura afrodescendiente en el Caribe hispano, se encuentra el cubano Fernando Ortiz (1881-1969). Los aportes que desde la antropología, sociología, folclore y lengua hiciera desde los albores del siglo xx, cuando en 1902 publica su primer libro *Hampa afrocubana: los negros brujos*, lo instalan como uno de los principales investigadores sobre la diversidad cultural de Cuba y el Caribe. Su preocupación por estos temas marginados por científicos e intelectuales se plasmó en varias asociaciones, como la antes mencionada, y en su participación en revistas destinadas al tema negro. Es por ello que, según Schwartz:

---

[81] Arcos, Jorge Luis. "Para una relectura de Nicolás Guillén". Nicolás Guillén. *Donde nacen las aguas*. Antología. México: FCE, 2002, p. 32.

[82] Schwartz. Ob. cit., p. 75.

Fernando Ortiz ayudó más que nadie a crear una conciencia del valor de la cultura afrocubana, en un país cuya población incluye una porción sustancial de negros y mulatos, promoviendo el estudio de las lenguas, las religiones, las tradiciones y la literatura de origen afrocubano[83].

A pesar de sus diferencias, Guillén, Ortiz, Palés Matos y Carpentier reconocen en las expresiones negras un elemento clave de la cultura de sus países y de la región, "diferenciador de las culturas dominantes europea y norteamericana"[84]. Y es que ni el negrismo como alternativa al discurso hispanófilo dominante, ni las investigaciones en torno a lo negro como parte de la cultura caribeña surgen espontáneamente. Como se planteó al comienzo de este capítulo, los sucesos políticos y económicos de principios de siglo influyeron en los procesos del campo cultural. Según el poeta, crítico e historiador barbadense Kamau Brathwaite:

> La literatura (escrita) del Caribe, como expresión y empresa verdaderamente nativas, no comienza, en realidad, hasta que, en respuesta a la ocupación norteamericana de las Antillas Mayores, ciertos artistas de Cuba y Puerto Rico empezaron a desarrollar distintivas formas literarias y creativas que han venido a llamarse indigenismo o negrismo. Esto es interesante porque las poblaciones de estos dos territorios son predominantemente españolas, más bien que ex africanas. A diferencia del resto del Caribe, la mayoría en Cuba y Puerto Rico es más "blanca" que "negra". A pesar de eso, la expresión literaria producida por estos criollos blancos (y mulatos) fue de base negra[85].

La apreciación de Brathwaite es del todo significativa en cuanto a la relación que establece entre el negrismo y la intervención norteamericana, que efectivamente genera un repliegue cultural hacia el interior de las sociedades antillanas, incentivando búsquedas sobre su identidad nacional, como lo vimos para Haití.

No obstante, el desarrollo de una literatura propia que incorpora el origen africano –el negrismo– no parece tan extraño si recurrimos a la mirada histórico-sociológica que hace Antonio Benítez Rojo sobre el Caribe. Es frecuente encontrar afirmaciones que sostienen que los países del Caribe hispano han tenido una mayoría blanca y por eso su cultura está menos permeada por los aportes africanos. Sin embargo, para el escritor cubano Benítez Rojo (1931-2005) Cuba,

---

[83] *Ibíd.*, p. 74.

[84] López- Baralt, Mercedes. "La tercera salida del Tuntún de pasa y grifería". Luis Palés Matos. *Tuntún de pasa y grifería*. Puerto Rico: Editorial de la Universidad de Puerto Rico, 1993, p. 15.

[85] Brathwaite. Ob. cit., p. 155.

junto con Haití y Jamaica, presentan el mayor grado de africanía en las Antillas, mientras que Barbados, colonia inglesa, presentaría una cultura menos africanizada, diferencias que no se deberían a una menor proporción demográfica de la población negra, sino a la época en que el sistema de la plantación es instaurado. En una búsqueda por entender la complejidad del Caribe, este autor propone entender la región como una *societal area* en la que la figura de la plantación resulta fundamental. Modelada por Europa, la estructuración socioeconómica de la plantación es transversal a todos los países del Caribe, y a pesar de que sus fechas de instalación son distintas para cada isla, y que además se resignifica en cada lugar, su carácter repetitivo entrega coincidencias históricas a toda la región: grandes propiedades en manos de un pequeño grupo de colonos de origen europeo; producción de un número reducido de materias primas destinadas a un mercado externo, generalmente las metrópolis coloniales que detentaban el monopolio comercial; mano de obra masiva, no especializada, en calidad de esclava o peones enganchados (por contrato o para pagar deudas) mal pagados[86]. Este modelo llegará a las colonias españolas antillanas a fines del siglo XVIII con importantes consecuencias, pues si bien el porcentaje de esclavos con respecto a la población total es más bajo que en otras colonias –inglesas, francesas u holandesas– al mismo tiempo el porcentaje de población negra y mulata no esclava es mucho mayor en el Caribe español[87]. Cabe recordar que si bien el africano llega en calidad de cautivo para ser esclavizado en el Caribe, la rebeldía de muchos se vio acompañada de desplazamientos entre las islas, contribuyendo culturalmente al desarrollo de sus sociedades, mientras que:

> […] en las condiciones de Plantación, a pesar del enorme porcentaje que alcanza el número de esclavos con respecto a la población total, el africano está reducido a vivir bajo un régimen carcelario de trabajo forzado, el cual obstaculiza sus posibilidades de influir culturalmente sobre la población europea y criolla[88].

Por cierto que esta situación no significó que el racismo no se asentara como práctica social y que los negros no fueran marginados del ámbito político o deslegitimado y desvalorizado social y culturalmente, pero sí permite entender, al menos en parte, por qué al momento de las fuertes intervenciones norteamericanas en Cuba o Puerto Rico las búsquedas de identidad nacional se cruzan

---

[86] Benoist, Jean. "La organización social de las Antillas". Moreno Fraginals. Ob. cit., pp. 77-102.

[87] Según datos entregados por el autor para un periodo que va desde fines del siglo XVIII a mediados del siglo XIX. Ver: Benítez Rojo, Antonio. *La isla que se repite. El Caribe y la perspectiva posmoderna*. Hanover, USA: Ediciones del norte, 1989.

[88] *Ibíd.*, p. 48.

con el negrismo que se desarrolla en el Caribe español. En efecto, fue Nicolás Guillén quien en su prólogo a *Sóngoro consongo* señaló: "Por lo pronto, el espíritu de Cuba es mestizo. Y del espíritu hacia la piel nos vendrá el color definitivo. Algún día se dirá: 'color cubano'"[89].

¿Por qué situar a los *noiristes* e intelectuales de la ocupación haitianos al movimiento garveysta del Caribe inglés y al negrismo como parte fundamental del contexto de la negritud? Si bien cada uno de ellos en sí mismo representa un giro sustantivo con respecto a la valorización de los afrodescendientes y su cultura en el Caribe, lo cierto es que en conjunto dan cuenta de un grupo de intelectuales negros, mulatos y también mestizos que convergen en sus preocupaciones y, aunque no siempre coinciden en los caminos, hay, si no zonas recíprocas de influencia, al menos zonas de contacto en las que se tomaba conocimiento de lo que ocurría en la región.

Es por eso que podemos hablar de un clima de época, pues en todos ellos hay una sintonía en torno al cuestionamiento de una de las fuentes de legitimación del sistema colonial que por siglos menoscabó a los hombres y mujeres negros y su cultura: el racismo. En la revalorización y reconocimiento de la presencia de las raíces africanas en las culturas caribeñas hay un hecho contrahegemónico, de apreciar lo inapreciable, de rescatar lo que debía ocultarse, de hablar sobre lo que aún no sabían cómo llamar y que la negritud vino a ponerle nombre.

La región andina: campesinos, militantes y, finalmente, indígenas

"A mí solo me mataréis, pero mañana volveré y seré millones"

Túpac Katari, 1781

El contexto en el cual surge el indianismo lo he dividido en dos etapas: una que se detiene en la primera mitad del siglo XX, y otra que abarca desde los años 1960 en adelante. Ambas ponen el acento en las organizaciones sociales, estudiantiles, políticas, nacionales e internacionales que congregan a los indígenas de la región andina y que son las que permiten que surja un discurso identitario indianista.

Durante la primera mitad del siglo XX en América Latina se desarrollaron procesos de cambio a nivel político, social e ideológico que tuvieron una doble tendencia: desde arriba, es decir, comandadas por el Estado y los grupos dirigentes, y desde abajo, llevadas a cabo por los sectores populares y grupos marginados que se apropiaron de los ideales de la modernidad e hicieron suyas demandas por integración e igualdad como ciudadanos. De este modo, el fin de

---

[89] Guillén, Nicolás. "Prólogo". *Sóngoro consongo* (1931). Guillén. Ob. cit., p. 100.

los Estados oligárquicos de la región, las demandas por reformas agrarias y la fuerza de los ideales de izquierda se fueron conjugando con los cuestionamientos que los indígenas, población mayoritaria en la región andina, han hecho a sus sociedades durante todo el periodo republicano e incluso antes, desde la colonia, expresándose sobre todo a través de rebeliones primero y luego mediante la organización sindical.

Bolivia, Perú, Ecuador y la actual parte norte de Chile constituyen lo que aquí llamamos la región andina indígena, no solo porque en estos países se agrupa la mayor cantidad de quechuas y aymaras principalmente, sino también porque comparten procesos históricos, políticos y culturales semejantes: fueron parte del Tawantinsuyu, luego del Virreinato del Perú durante gran parte de la Colonia, partícipes en las guerras de independencia y subsidiarios de los tensionados procesos de construcción nacional en el periodo republicano de cada uno de estos países.

Pero también han sido compartidos los cuestionamientos a estos procesos que los indígenas han hecho desde tiempos coloniales, asumiendo diversas expresiones, entre las que se encuentran las rebeliones. Tal vez la más importante, por su impacto, es la que en 1780 inician los quechuas José Gabriel Condorcanqui (Túpac Amaru) y Micaela Bastidas en Cusco, Virreinato del Perú, y que continúa en 1781 con los aymaras Julián Apaza Nina (Túpac Katari) y Bartolina Sisa en la zona de Charcas, hoy Bolivia, hasta 1782. Estos levantamientos que cercaron grandes ciudades y que movilizaron a miles de indígenas en protesta por el aumento del pago de tributos y la constante explotación y exclusión, permanecen en la memoria colectiva como un hito de liberación y resistencia a pesar de su derrota; de hecho, durante el siglo XX se han recobrado como símbolos de la constante lucha de los indígenas contra un sistema que los oprime y subyuga.

En el periodo republicano estas rebeliones tampoco estuvieron ausentes. En Ecuador, por ejemplo, el *huasipungo* era un pedazo de tierra entregado por los hacendados a sus trabajadores, mayormente indígenas, a cambio de mantenerlos como peones fijos, que representaba un sistema económico y social precario y carente de todo tipo de derechos. Ante esta situación estallaron rebeliones, de las cuales las más recordadas son la de 1872, en Riobamba, encabezada por Fernando Daquilema, y la de 1899 cerca de Quito, liderada por Pesillo.

En Bolivia es recordada la rebelión de 1899 del *Willka* Pablo Zárate, líder de indígenas apoderados y caciques que a partir de una lucha legal por sus reivindicaciones iniciaron un movimiento en el que, a cambio de la recuperación de tierras, se unieron con los liberales en contra de los conservadores. Sin embargo, al llegar al poder los liberales desconocen los acuerdos y se producen los hechos conocidos como la Masacre de Mohoza, en la que indígenas dieron muerte a soldados liberales, desencadenando el enjuiciamiento y muerte del *Willka*, la alianza entre liberales y conservadores para frenar cualquier sublevación india y la profundización del pensamiento racista alojado en el Estado y los grupos de poder. Luego de este episodio, las relaciones entre las comunidades y el Estado boliviano se tensionaron, agravándose por la creciente expansión del latifundio y las privatizaciones de tierras, incluso por parte de liberales, afectando directamente los intereses indígenas. Ante ello recurrieron, a comienzos del siglo XX, a nuevas estrategias para la recuperación de tierras, lo que la historiadora boliviana Pilar Mendieta describe de la siguiente manera:

> Estas estrategias estuvieron nuevamente ligadas a la lucha en los juzgados y este fue el origen de quienes se autodenominaron como caciques apoderados cuya función fue la búsqueda de los títulos de cacicazgo que los legitime, así como de los títulos de composición de la época colonial, a los que se añade el pedido de revisión de límites[90].

Lo interesante de los caciques apoderados es que funcionaron como una red organizada que no solo consideró los temas legales con respecto a las tierras sino también ámbitos como la educación, formando escuelas con recursos propios, sin ayuda estatal y bajo el entendido que saber leer, escribir y hablar español les permitiría hacerse cargo de sus asuntos. Si bien algunas de estas iniciativas lograron concretarse –como la Sociedad República del Collasuyo entre 1930 y 1933, a cargo de Eduardo Nina Quispe–, en general tuvieron muchos obstáculos desde el Estado, ya que este promovió, según Mendieta:

> [...] leyes que supuestamente proclamaban la igualdad ciudadana a todos los habitantes de la república pero que, sin embargo, no valían para los indios cuyas gestiones eran siempre tratadas como parte de intentos subversivos y no como derechos[91].

Las rebeliones junto a las nuevas estrategias emprendidas por los indígenas para obtener tierras y otros derechos coincidieron con un proceso generalizado en América Latina de cuestionamientos al Estado oligárquico. La necesidad de poner fin al sistema latifundista, las paupérrimas condiciones laborales, la falta de acceso a derechos sociales como la educación, y la búsqueda de participación política, dieron paso a un periodo marcado por el fortalecimiento del Estado nacional y la generación de políticas de integración a todo nivel. Esta etapa de Estados más fuertes y naciones más inclusivas en Latinoamérica, al menos en su ideario, converge además con el auge de enfoques y partidos de

---

[90] Mendieta, Pilar. *Indígenas en política. Una mirada desde la historia*. Bolivia: Instituto de Estudios Bolivianos, 2008, pp. 189-190.

[91] *Ibíd.*, p. 200.

izquierda que tuvieron un impacto significativo para las poblaciones indígenas de la zona andina.

En Perú, luego de la Primera Guerra Mundial, hubo "un alza en el mercado internacional de la lana que provocó la toma y transformación de mucha tierra comunal en grandes haciendas de alpaca"[92], lo que desató, según el antropólogo español radicado en Bolivia, Xavier Albó, la "explosión de la indiada" ante la expoliación de sus tierras, siendo la alzada más recordada la de Rumi Maki en 1915. Albó reconoce que para el caso peruano la mediación de los intelectuales y políticos no indígenas de izquierda entre la situación en los Andes y la capital fue más importante e incluso necesaria que en los otros países de la zona, pues si bien Perú reúne la capital del Tawantinsuyu, Cusco, y la capital del Virreinato colonial, Lima, bajo los mismos límites geográficos, nunca alcanzó la integración; por el contrario, la segregación es mucho más marcada a nivel espacial y cultural que en los demás países andinos.

Un ejemplo de esta mediación intelectual lo constituye José Carlos Mariátegui. Fundador del Partido Socialista Peruano en 1928 (que luego de su muerte en 1930 pasó a ser el Partido Comunista Peruano), fue un intelectual crítico de la realidad latinoamericana, y peruana en particular, y un convencido marxista que en sus obras reflexionó sobre la posibilidad de implementar el socialismo en la región, considerando la especificidad de nuestra realidad. En su obra *Siete ensayos de interpretación de la realidad peruana* de 1928, señala como uno de los principales problemas económicos y sociales el de la posesión de la tierra, cuya solución pasa por su recuperación por parte del pueblo, en este caso mayormente indígena. Lo que propone entonces es una revolución –más que una reforma– de carácter agrario –más que proletario–, escapando a la ortodoxia del marxismo clásico y de paso entregando las herramientas teóricas para las históricas demandas indígenas.

Cabe destacar, sin embargo, que el Partido Comunista Peruano (PCP), heredero de las ideas de Mariátegui, tuvo poca influencia entre 1930 y 1950. Será durante los años 1960 que el PCP y los demás partidos de izquierda comienzan a tener mayor importancia y participación en la sociedad peruana.

En Ecuador, en tanto, la fuerza del pensamiento de izquierda también se hizo sentir. Las rebeliones de los trabajadores de las haciendas desde el siglo XIX dieron paso hacia 1926 al primer sindicato, año en que además se fundó el Partido Comunista del Ecuador (originalmente Partido Socialista del Ecuador). En 1944 se creó bajo esta influencia la Confederación de Trabajadores del Ecuador y dentro de esta la Federación Ecuatoriana de Indios (FEI), entidad que se articuló en torno a los sindicatos para demandar la obtención de tierras o en su defecto legislaciones favorables a este propósito.

---

[92]   Albó, Xavier. *Movimientos y poder indígena en Bolivia, Ecuador y Perú*. La Paz: CIPCA, 2008, p. 175.

En Bolivia la influencia de ideas de izquierda fue más tardía, en parte porque en 1932 se desató la Guerra del Chaco con Paraguay. A pesar de la pérdida de territorio, esta guerra da inicio a nuevos procesos en el país cuando ex combatientes, que se resistían a volver a las viejas condiciones laborales como peones de hacienda, crean en 1936 el primer sindicato campesino. A partir de entonces comienzan levantamientos en diversas zonas del país que reclaman el acceso a tierras, mejoras salariales, el derecho a educación, entre otras cosas, lo que desembocará veinte años después en la Revolución de 1952. Comandando este proceso estaba el Movimiento Nacionalista Revolucionario (MNR) con Víctor Paz Estenssoro, quienes buscaron crear un Estado fuerte y unitario que entregara un sentido de pertenencia para todos. Con la ideología del mestizaje a la cabeza se comenzó a enseñar castellano en sus escuelas y tratar como campesinos a todas las personas de origen rural, eliminando el término "indio" de su vocablo por considerarlo discriminatorio. A través del capitalismo de Estado se iniciaron políticas económicas de nacionalización de minas y petróleo, contando con el amplio apoyo de organizaciones de obreros, mineros y campesinos (indígenas).

Las ideas de izquierda reforzaron y dieron impulso a múltiples reformas dirigidas desde los Estados, siendo una de las más importantes la reforma agraria, que se transformó en el mecanismo fundamental para conseguir el acceso a tierras por años solicitada por los indígenas, aunque también por sectores campesinos mestizos. En la región andina esta reforma se lleva a cabo en 1953 en Bolivia, entre 1964 y 1972 en Ecuador, y entre 1964 y 1969 en Perú. En general, se crearon instituciones encargadas de concretar estas políticas redistributivas que lograron efectivamente terminar con el latifundio. Sin embargo este proceso no fue eficaz ni menos satisfactorio para los indígenas; por ejemplo, en Ecuador se favoreció la propiedad individual más que la comunitaria, y su mercantilización; en Perú hubo una fuerte oposición desde las elites y los grupos de poder, lo que sumado al costo económico de su implementación y al privilegio que las grandes empresas agrarias tuvieron, terminó por desfavorecer a las comunidades; y en Bolivia, a pesar de ser más efectiva que en los otros países, tuvo un costo simbólico muy alto que borró del mapa a los indígenas al entenderlos únicamente como campesinos.

El paso de un Estado nacional oligárquico a uno más democrático e integrador y la creciente influencia de los partidos de izquierda con su enfoque clasista durante la primera mitad del siglo XX, trajo sin duda beneficios a los sectores indígenas, como voto universal, mayor acceso a la educación, participación política, derechos sociales y laborales. El sindicato se transformó en el principal espacio social de organización de su lucha y demandas; sin embargo, terminará jugando en contra de sus requerimientos específicos. Sobre estas consecuencias, Albó señala:

A medida que avanzaba este proceso, en la parte andina sobre todo de Perú y Bolivia se fue olvidando la problemática étnica y en vez de "indios" se empezó a hablar ya solo de "campesinos", relegando el apelativo de "indígena" a solo los de la selva. Asimismo ya no se hablaba de "comunidades" sino de "sindicatos", "cooperativas" o simplemente "productores agrarios". Este enfoque, compartido por la derecha y la izquierda, parecía querer poner punto final al tema de identidades étnicas contrapuestas a la estatal, por fin generalizada y monopólica[93].

En este sentido, la tendencia del Estado a construir una nación y un tipo de ciudadano coincidió plenamente con la categoría de clase del campesinado y la organización sindical promovidas desde la izquierda. Una de las formas de hacerlos ciudadanos fue a través de las políticas dirigidas a los campesinos. De este modo se redujo la problemática específica de los indígenas a la del campesinado como ente abstracto; no obstante, la "campesinización" se aceptó sin cuestionamientos en un comienzo, ya que fue entendida como un camino de liberación, una opción a sus requerimientos. En Chile, por ejemplo, los indígenas de la zona andina de la parte norte del país atravesaron un proceso similar que subsumió las problemáticas específicas de los indígenas a las de la masa trabajadora, lo que bajo sus propios términos fue bastante exitoso.

Durante las primeras décadas del siglo XX se inaugura en Chile el Estado de compromiso y el periodo de desarrollo hacia adentro, en que el Estado nacional "fortalece su presencia en el norte, con obras de infraestructura, la escuela pública y servicios de salud"[94] profundizando el proceso de "chilenización", es decir, una asimilación cultural que comienza con la anexión de las provincias del norte grande luego de la Guerra del Pacífico. Parte de este proceso está ligada al avance de la modernización que en la zona norte se relacionó con el ciclo salitrero de fines del siglo XIX y principios del XX, economía de enclave a la cual se sumaron los indígenas andinos como mano de obra. De esta forma comenzaron a transitar desde una identidad "peruana", que duró hasta principios del siglo XX, hacia otra "chilena" en la medida que la chilenización se hizo efectiva. Este proceso tiene relación con el lenguaje, primero bilingüe y luego monolingüe, adoptando finalmente el castellano, lo que con las migraciones hacia centros mineros y luego urbanos hicieron posible la integración de los indígenas a la sociedad mayoritaria chilena. Ahora bien, esta integración se hizo bajo el concepto indiferenciado de mano de obra y consumidores, pero no como indígenas, invisibilizándolos como tales. La asimilación impulsada por el

---

[93] *Ibíd.*, p.181.

[94] Zapata, Claudia. "Atacameños y Aymaras. El desafío de la 'verdad histórica'". *Estudios Atacameños*. N° 27, 2004, p. 173.

Estado chileno si bien pudo ser resistida, "en general convocó de una manera notablemente exitosa el interés y la movilización indígena"[95], los que también optaron por esconder su identidad étnica.

Esta indiferenciación conceptual y la relativa conformidad por mantener la identidad indígena oculta comienzan a modificarse en la región andina a fines de la década de los años 1960[96]. Los cambios generados con las reformas agrarias y los derechos políticos, sociales y laborales obtenidos durante la primera mitad del siglo XX empiezan a ser vistos como insuficientes para las demandas propiamente indígenas, articuladas ya no solo en torno a la reivindicación de las tierras ancestrales, la legalidad o su relación con el Estado, sino también a los derechos –humanos, económicos, sociales, políticos y culturales– y su efectivo ejercicio, además de su desarrollo económico y social.

En Bolivia el movimiento campesino, al conseguir algunos beneficios con la reforma agraria promovida luego del Revolución de 1952, comienza una fase de creciente dependencia del Estado y una crisis de hegemonía interna entre los principales líderes sindicales que desembocó incluso en fuertes enfrentamientos en el Valle Alto entre Cliza y Ucureña. El militar René Barrientos logra pacificar esta zona y aprovecha la oportunidad para crear un Pacto Militar Campesino, justo antes de dar su golpe de Estado en 1964, en el cual le arrebató el gobierno al MNR. En el poder, Barrientos mantuvo controlados a los campesinos indígenas y contó durante un buen tiempo con su apoyo, hasta 1969 cuando muere en un accidente. Los regímenes militares que seguirán mantienen el Pacto, aunque con crecientes protestas, hasta que en 1974, con Bánzer a la cabeza del Estado, campesinos quechuas de Cochabamba bloquearon carreteras en señal de protesta contra algunas de las medidas económicas que los perjudicaban. La respuesta del militar Bánzer fue enviar al ejército, lo que dejó un saldo de setenta muertos, acabando finalmente con el Pacto. El fin del Pacto Militar Campesino despejó el camino a otras alternativas que sí consideraron la especificidad indígena, como, por ejemplo, el movimiento katarista, que en el Capítulo 4 de este trabajo se verá con más detenimiento; sin embargo, el vínculo entre organizaciones indígenas y organizaciones sindicales e incluso campesinas se mantuvo, sirviendo como plataforma y estrategia de despliegue de sus propuestas.

En Ecuador ya mencionamos el rol de la Federación Ecuatoriana de Indios a la que se agrega en 1972 la ECUARUNARI, Ecuador *runacunapac riccharrimui* o el despertar de los indios del Ecuador, justo cuando la FEI, organización

---

[95] Gunderman Hans, Rolf Foerster y Jorge Iván Vergara. *Mapuches y Aymaras. El debate en torno al reconocimiento y los derechos ciudadanos.* Santiago de Chile: Universidad de Chile, Predes/ RIL Editores, 2003, p. 56.

[96] Cabe señalar que dentro del amplio movimiento indianista, las primeras organizaciones provinieron de la zona amazónica de la selva ecuatoriana, cuando entre 1961 y 1962 se crea la Asociación de Centros Shuar, y de la selva peruana, con el Congreso Amuesha en 1968.

más clasista que indianista, comienza a disminuir su protagonismo e injerencia en la toma de decisiones. La ECUARUNARI que nace en la Sierra de la mano de curas católicos progresistas, funcionó a través de la creación de filiales (las *huahua riccharimuri* o el despertar de los hijos) cuyas bases no necesariamente fueron comunidades, como en Bolivia; más bien en cada comunidad se podía pertenecer a una u otra filial. Esta organización también estuvo presente en la Amazonía del Ecuador.

En Perú las organizaciones étnicas también se diferencian entre las de la Selva y la Sierra. Los pueblos de la Selva, que nunca sufrieron el embate campesinista, siguieron caminos más autónomos en busca de soluciones acordes con sus demandas, mientras que en la Sierra el proceso se vincula a la creciente influencia de los partidos de izquierda que en la década de los años 1960 empiezan a proliferar en el país. En 1977 sale a la luz el Manifiesto del Movimiento Indio Peruano que busca restablecer el segundo Tawantinsuyu como alternativa para retomar el curso de su historia. Pocos años después los aymaras de Puno crearon la Federación de Comunidades y Campesinos de la Nacionalidad Aymara Tupac Katari, con fuerte influencia de los kataristas de Bolivia, y en 1980 se formó el Consejo Indio de Sudamérica (CISA), instancia que permitió reuniones y publicaciones en conjunto con otros pueblos indígenas en las que se discutían los caminos a seguir. Sin embargo, desde que en 1980 irrumpe Sendero Luminoso en Perú, movimiento fundado durante la década anterior, y comienza la cooptación de miles y miles de indígenas en sus filas, las problemáticas de este sector quedaron subsumidas a los ideales de la izquierda maoísta armada que desató enfrentamientos internos que terminaron con la vida de cerca de 70 mil personas; de ellos, según la *Comisión de la Verdad y Reconciliación* (2003), el 75% tenía como lengua materna el quechua u otras lenguas nativas. Una de las conclusiones de esta Comisión es que:

> La tragedia que sufrieron las poblaciones del Perú rural, andino y selvático, quechua y asháninka, campesino, pobre y poco educado, no fue sentida ni asumida como propia por el resto del país, por el velado racismo y desprecio subsistente en la sociedad peruana[97].

Pero la influencia de Sendero Luminoso no fue completa ni total, quedaron algunas zonas, sobre todo andinas, que lograron oponerse a su embestida. Albó lo reseña de la siguiente manera:

> La Región Sur Andina, compuesta por los departamentos de Puno y Cusco y las provincias de Abancay, Grau y Cotabambas del

---

[97] Albó. Ob. cit., p. 187.

departamento de Apurímac, reúne desde las comunidades quechuas de altura entre Cusco y Apurímac… hasta el norte ganadero del departamento de Puno, donde el PCP-SL fue derrotado por una alianza efectiva de diversos actores regionales que incluía organizaciones campesinas, iglesias, partidos políticos y fuerzas del orden. Es decir, donde el área rural estaba mejor organizada desde antes y contaba además con el apoyo de instituciones solidarias, las organizaciones impusieron su hegemonía, pese a varios intentos de Sendero, por ejemplo, en la región de Puno[98].

En Perú no será hasta la década de 1990 cuando el movimiento indígena alcance una articulación fuerte y un radio de acción más amplio.

Ahora bien, es interesante notar que previo a los manifiestos y organizaciones recién mencionadas, a nivel continental ya se habían reunido los grupos indígenas de América del Sur Nor Andina, en la denominada Primera Reunión de Barbados realizada en dicho país caribeño en 1971. Su producto más conocido es la declaración "Por la Liberación del Indígena", más comúnmente denominada "Declaración de Barbados", en la que se llama la atención de la opinión pública mundial sobre la situación de los indígenas sudamericanos y se responsabiliza de la misma a los Estados nacionales, a las misiones religiosas y a los antropólogos. Además, "la declaración reconoce que los pueblos indígenas de América tienen pleno derecho y plena capacidad para crear sus propias alternativas históricas de liberación"[99]. De este modo se instalan consensos regionales sobre la situación del indígena y la necesidad de buscar un camino propio y no supeditado de liberación.

Lo que está ocurriendo a fines de la década de 1960 y durante los años 1970 en la zona andina indígena se conecta con un movimiento continental en el que, a través de reuniones internacionales y múltiples documentos reivindicativos, los indígenas comienzan a discutir la situación histórica y contingente de exclusión y opresión que los afecta. En la zona andina la proliferación de organizaciones de corte indianista tiene relación con este malestar extendido por siglos en toda Latinoamérica, pero también con las particulares condiciones y procesos de sus países. La crisis de integración social comienza a ser evidente, los Estados nacionales y sus democracias empiezan a dar cuenta de sus limitaciones, y la izquierda se debilita cada vez más como una alternativa de transformación radical. Es aquí, en un clima de derrota y promesas no cumplidas, donde se abren paso organismos, organizaciones y movimientos que encuentran en su condición étnica

---

[98] *Ibíd.*, p. 188.

[99] VV. AA. *Indianidad y descolonización en América Latina*. Documentos de la Segunda Reunión de Barbados. México: Editorial Nueva Imagen, 1979, p. 10.

las herramientas de lucha para sus demandas particulares. Pero esta situación no es espontánea, responde, como hemos visto, a una prolífica trayectoria organizacional, principalmente sindical, que les entregó la experiencia y el conocimiento para funcionar con las claves de la sociedad nacional.

*　　*　　*

Los contextos históricos revisados permiten comprender que la negritud y el indianismo son frutos de una situación histórica y de un contexto social que les dio cabida. Ambos, lejos de constituirse como una reacción instintiva y automática o de tratarse de hechos aislados del contexto mayor, se articulan como parte de un cuestionamiento más amplio de las formas de pertenencia e integración a la sociedad y, por tanto, como parte del proceso de modernización que cubre a toda América Latina durante la primera mitad del siglo XX.

A partir de este planteamiento, queda por conocer cómo se desarrollaron y cuáles son sus principales diagnósticos, demandas y propuestas, así como sus principales impulsores y difusores, preguntas que se considerarán en los siguientes dos capítulos.

CAPÍTULO 3
La negritud

Los orígenes de una búsqueda identitaria

En el París de entreguerras de los años 1920 y 1930 del siglo XX, marcado por los movimientos de vanguardia, por el cubismo, el surrealismo, los ritmos afroamericanos como el jazz, las investigaciones del alemán Leo Frobenius (*Historia de la civilización africana*, traducida al francés en 1936) y del francés Maurice Delafosse (*Los negros*, 1927), y en general por un creciente interés en África, varios intelectuales y escritores negros comenzaron a difundir una valorización positiva de las culturas africanas, principalmente a través de revistas[100] como *Les continentes* (1924), *La voix des negres* (1927), *La race negre* (1927), *La depeche africaine* (1928) en la que participó el martiniqueño René Marán[101], *Le cri de negres* (1931), en la que escribieron los haitianos Jacques Roumain y Jean Price Mars, y *La revue du monde noir* (1931), fundada por los hermanos Nardal y en la que colaboraron René Marán y Jean Price Mars otra vez, además del poeta afroamericano del Renacimiento de Harlem[102], Claude MacKay. Si bien rupturistas en muchos sentidos, estas iniciativas fueron consideradas por algunos intelectuales de la época, sobre todo los más jóvenes, como moderadas e incluso asimilacionistas, puesto que la valorización de la producción estética e intelectual que en general proclamaban no consideraba perspectivas críticas al contexto del cual emanaban. Es así como se comenzó a discutir sobre los criterios raciales, culturales e históricos con los que habían sido tratados sus pueblos y países por parte de Francia y sus colonizadores, publicándose en 1932

---

[100] Cabe destacar que durante este periodo en tierras caribeñas también surgieron revistas que, en este mismo sentido, buscaron contribuir a la valorización positiva de sus propias culturas, como la haitiana *Lucioles* (1927), *La revue des Antilles* y *La revue martiniquaise* (1926-1939).

[101] René Marán (1887-1960) es considerado por los más entendidos en la negritud como uno de sus antecedentes directos, pues en 1921, al publicar su primera novela *Batouala, véritable roman négre*, ganó el premio Goncourt y generó un gran escándalo por tratarse de un negro que además provenía de una colonia. Nació en Martinica, fue hijo de padres guyaneses y estudió en Francia.

[102] Ver cita n° 66.

la primera alternativa más radical, la revista *Legítima defensa* (*Légitime defense*). Ettienne Lero, René Menil y Jules Monnerat, todos de Martinica, en su primer número incorporaron críticas al colonialismo, al racismo y a la explotación capitalista de Francia, defendiendo la personalidad antillana por trescientos años esclavizada. Influidos por el surrealismo, el marxismo hegeliano y el psicoanálisis de Sigmund Freud, criticaron también la mediocridad de la literatura antillana en manos de una elite burguesa letrada que solo imitaba las tendencias metropolitanas, sin introducir algún distingo u originalidad en sus obras. Sus contestatarios argumentos, que llegaron a oídos gubernamentales, les valieron fuertes presiones para terminar con la revista; a ellos se les suspendería durante varios meses sus becas de estudios y a sus padres, parte de esa burguesía de color asimilada, se les suprimirían los subsidios. Es por ello que su primer número también fue el único.

A pesar de su brevísima existencia, *Legítima defensa* dejó huellas en los jóvenes estudiantes negros que estaban en Francia. En 1934 Aimé Césaire (1913–2008) de Martinica, Léopold Sédar Senghor (1906–2001) de Senegal, y Leon Gontran Damas (1912-1978) de Guyana, fundaron la revista *El estudiante negro* (*L'etudiant noir*, 1934-1940), que con un tono más moderado que su mentora, retomó las críticas sobre la política de asimilación cultural francesa reivindicando la libertad creadora de todos los negros, la cual solo sería posible al retornar a las fuentes africanas. Esta revista, de gran influencia en intelectuales africanos y antillanos, abrió paso a las reflexiones de sus fundadores y colaboradores en torno a las condiciones –materiales y simbólicas– de los negros colonizados, reflexiones que se encarnaron en el concepto de la *négritude*.

Con muy pocos consensos y variadas e incluso contradictorias apropiaciones, la negritud es difícil de aprehender; mientras para muchos este concepto aparece por primera vez en el poemario *Cuaderno de un retorno al país natal* (*Cahier d'un retour au pays natal*) de Aimé Césaire, publicado en París en 1939 en la revista *Voluntades* (*Volontés*), para otros, quizás los menos, sale a la luz varios años antes, en 1934 en uno de los números de la revista *El estudiante negro*, de manos del mismo autor. Pero no solo sus orígenes son objeto de disputas sino también su definición, pues si bien para algunos autores la negritud devino en movimiento político, para otros solo en ideología, estilo literario o simplemente esencia. Sin embargo, si hacemos un ejercicio de despeje, es posible encontrar algunas certezas. La negritud como concepto nace bajo la pluma de Césaire en París durante los años 1930, y responde a una creación colectiva, fruto de las reflexiones que el desplazamiento geográfico y mental de estudiantes negros pertenecientes a una elite educada de las colonias francesas pudieron realizar. Este grupo debió enfrentarse en la metrópoli a experiencias de discriminación que solo les dejaron dos alternativas: oponerse a ellas o sumarse a los esfuerzos de asimilación que Francia promovía. La negritud se transformó entonces en un arma conceptual de lucha contra ideas instaladas como la inferioridad, bestialidad y falta de civilización y cultura del negro y los africanos, y en rechazo a las prácticas imitativas de la cultura francesa por parte de los pueblos colonizados.

Con el transcurso del tiempo cada uno de los fundadores de *El estudiante negro* fue elaborando interpretaciones propias de la negritud e influyendo de diversas y distintas maneras en su desarrollo, según sus trayectorias personales y las historias de sus países de origen. Leon Gontran Damas es quizás el menos conocido de los tres fundadores, pero el más agresivo en sus escritos. Proveniente de una familia burguesa de la Guyana, de origen mestizo (blanco, negro e indio) y salud delicada (sufría de asma), sensible a los prejuicios parisinos sobre la Guyana como país receptor de enfermos y criminales[103], su personalidad compleja se ve volcada en sus poemas y ensayos. En 1937 publica *Pigments*, poemario de tono violento y hasta grosero atravesado por su nostalgia de África, el rencor por la esclavitud y el colonialismo, su rebeldía contra la cultura y opresión política de Europa, como también por la reivindicación de la dignidad del negro y su condena al racismo de los blancos[104]. Al año siguiente publica *Retour de Guyane*, testimonio en el que denuncia la situación de olvido y miseria de su país. En 1947 publicó la primera *Anthologie* sobre los poetas de Ultramar y, sin abandonar nunca la actividad literaria, se dedicó también al periodismo, a la política –al salir electo diputado de la Guyana por la lista SFIO (Partido Socialista Francés de la Internacional Obrera) para la Asamblea Nacional de Francia– y a la enseñanza, actividad que desempeñó en Estados Unidos hasta su muerte en 1978.

La negritud en Damas significó la posibilidad de que el negro de nacionalidad francesa pudiese ligar esa condición con su historia, sus tradiciones y su lengua, es decir, que tuviera la oportunidad de reconocer que la esclavitud, el colonialismo y las raíces africanas son parte de su identidad, elementos que muchas veces se trataban de negar o ignorar. Esta idea Damas la desarrolló principalmente en los temas de sus trabajos literarios; sin embargo, estos nunca alcanzaron el reconocimiento de los de Senghor y Césaire, y si bien sus poemas fueron legitimados por sus pares surrealistas, en lo que a la negritud respecta muchas veces su contribución ha sido olvidada.

No ocurrió lo mismo con Léopold Sédar Senghor, quien con sus poemas, ensayos y carrera política ayudó a la difusión y resonancia mundial de la negritud, transformándola en una bandera de lucha. Nació en 1906 en Senegal, país que desde 1895 fue colonia francesa. Sus padres, de la etnia *sereré*, fueron campesinos adinerados que le entregaron una educación enteramente francesa y católica, a

---

¹⁰³ Para Francia, Guyana se transformó en un reducto carcelario al cual trasladar criminales y bandidos declarados irrecuperables.

¹⁰⁴ Kasteloot, Lilyan. *Anthologie négro-africaine. Panorama critique des prosateurs, poètes et dramaturges noirs de XXe siècle.* Verviers, Belguique: Gérard & Co., 1967.

pesar de vivir en un país mayoritariamente musulmán[105]. En 1928 viaja becado a París para licenciarse en letras años más tarde. En 1935 es elegido *Agregé de grammaire*, cargo destinado hasta entonces solo para destacados profesores franceses; Senghor solo dos años antes había obtenido la nacionalidad francesa y además era negro, logros que lo hicieron merecedor de honores nacionales en Senegal.

Paralelo a los reconocimientos que obtiene en el seno de la sociedad francesa, Senghor comienza a hacerse parte de las inquietudes intelectuales en torno al racismo hacia los negros, los problemas de la colonización y la reivindicación cultural de África, que inundaban al París de comienzos de siglo XX; es en ese contexto que toma contacto con otros estudiantes negros provenientes de colonias francesas en África y las Antillas, como Césaire, Damas y los hermanos David y Birago Diop, entre otros, experiencia que marcó su desarrollo intelectual, así como sus opciones políticas. Años más tarde recuerda así su paso por la metrópoli:

> La mayor lección que recibí de París es menos el descubrimiento de los demás que de mí mismo. Al abrirme a los demás, la metrópoli me abrió al conocimiento de mí mismo. Si París no es el mayor museo de arte negro-africano, en ninguna otra parte el arte negro fue hasta tal punto entendido, comentado, ensalzado, asimilado. En verdad París, al revelarme los valores de mi civilización ancestral, me obligó a asumirlos y hacerlos fructificar en mí. No hablo solo de mí, sino de toda una generación de estudiantes negros: antillanos lo mismo que africanos. Al mismo tiempo París nos inspiraba con su espíritu. Nos convidaba a hacer, de sus museos como de su enseñanza universitaria, no objetos de deleite o vanos adornos, sino instrumentos de cultura: quiero decir, de liberación, de progreso[106].

La experiencia de París y el trabajo intelectual realizado en la revista *El estudiante negro* fueron determinantes para delimitar su idea de negritud. De los fundadores de esta revista, Senghor era el único africano de nacimiento, el único que en efecto tenía un conocimiento práctico de su país, de su cultura y de su lengua, lo que fue clave para sus colegas provenientes de las Antillas, ávidos por

---

[105]   Es interesante hacer notar cómo a partir del nombre de este intelectual es posible observar la confluencia de la diversidad cultural que existe en África. Su primer nombre Léopold responde sin duda a la presencia francesa y su influencia luego de la colonización; su segundo nombre, Sédar, recuerda sus orígenes africanos; mientras que Senghor proviene del portugués "Senhor", remontándonos a la ocupación de los portugueses en las costas de Senegal en el siglo XV.

[106]   Senghor, Léopold Sédar. *Liberté 1. Négritude et Humanisme*. París: Editions du Seuil, 1964, p. 313, citado en: Durán, Rene L. F. *Léopold Sédar Senghor*. Madrid: Ediciones Júcar, 1980, pp. 15-16.

conectarse con sus raíces africanas. En este sentido cumple el rol de reorientarlos sobre su conocimiento de África, de mostrarles el continente del cual provenían pero que nunca habían visitado. De hecho, Senghor participa, estando en Francia, de estudios etnológicos sobre la civilización africana con el propósito de fomentar el conocimiento serio y profundo de su tierra natal.

A pesar de su educación afrancesada, Senghor nunca llegó a ser totalmente un "francés de color", es decir, un asimilado, como se decía en la época; por el contrario, orientó su desarrollo intelectual por el camino crítico que la negritud ofrecía, primero desde la poesía y prosa, y más tarde desde la política. En su trabajo literario confluye la influencia francesa, el surrealismo, pero también y en mayor medida África, tanto por los temas que lo inspiran como por la composición melodiosa que le imprime a sus poemas. En sus primeras obras *Chants d'ombre* (1945), *Hosties noires* (1948), *Ethiopiques* (1956) y *Nocturnes* (1961) existe una voluntad de hacer referencia en sus títulos a lo negro, en una expresión reivindicativa de su idea de negritud. Importante en este sentido es su *Antología de la nueva poesía negra y malgache de lengua francesa* (*Anthologie de la nouvelle poésie nègre et malgache de langue française*), publicada en 1948 con motivo de la celebración de los cien años de la abolición de la esclavitud en las colonias francesas. Este documento, encargado a Senghor por la UNESCO, reúne a los más destacados poetas negros, entre ellos a Leon Damas, Aimé Césaire, Étienne Lero, Guy Tirolien, Jacques Roumain y David Diop, y cuyo prefacio, conocido como el *Orfeo negro* (*Orphée noir*), es realizado por Jean Paul Sartre. La buena recepción de esta obra por la crítica francesa vino a consagrar la negritud en términos de su expresión poética y a sus poetas como dignos exponentes de este arte, pero además suscitó gran revuelo por las palabras que Sartre le dedicó a la negritud. El filósofo marxista francés reconoce, en una época aún fuertemente racista, que en los autores de estos poemas hay una actitud revolucionaria, porque recurren al idioma del tirano para empujar a los oprimidos a unirse, porque hicieron del surrealismo un "arma milagrosa" para la libertad, porque hay en ellos una escritura comprometida políticamente, pero sobre todo reconoce el reclamo contenido en sus poemas, es decir, la lucha de la negritud:

> El negro, como el trabajador blanco, es víctima de la estructura capitalista de nuestra sociedad. Esa situación le revela su estrecha solidaridad, por encima de las diferencias de color, con ciertas clases de blancos aplastados como él, y lo induce a proyectar una sociedad sin privilegios, en la cual el color de la piel será considerado un simple accidente. Pero, si la situación es una misma, aparece circunstanciada según la historia y las condiciones geográficas: el negro es víctima de dicha circunstancia, en tanto que negro, como indígena colonizado o africano deportado. Y puesto que es oprimido en su raza, por causa de ella, es de su raza, ante todo, de lo que debe adquirir conciencia. A

quienes, durante siglos, intentaron vanamente reducirlo al estado de bestia, porque era negro, él debe forzarlos a reconocerlo hombre[107].

Luego del fin de la Segunda Guerra Mundial y de regreso en Senegal, Senghor en 1947 se hace partícipe de la creación de una importante revista: *Presencia africana (Présence africaine)*[108]. Fundada por Alioune Diop, Senghor participa al igual que otros importantes intelectuales negros y simpatizantes de la negritud como Paul Rivet, Jean-Paul Sartre, Albert Camus, André Gide, Théodore Monod, Michel Leiris, Richard Wright y Aimé Césaire[109].

La actividad literaria de Senghor, como también ocurre con otros adeptos a la negritud, se va a hacer acompañar de la política. En 1936 Senghor se adhirió a la SFIO; casi diez años después, en 1945, es elegido representante –diputado– de la colonia senegalesa ante la Asamblea Constituyente Francesa. En ese contexto y teniendo en vista desde ya alcanzar la independencia total de su país, Senghor señala la necesidad de avanzar hacia una federación de los territorios franceses con el fin de acceder a técnicas modernas y preparar al personal para asumir la autonomía: "En efecto, el colonialismo de la vieja escuela está definitivamente caduco y condenado. Estamos listos, si fuera preciso el último recurso, a conquistar la libertad por todos los medios, incluso violentos"[110]. Poco tiempo después se desliga de la SFIO y funda en 1948, sin dejar la tendencia socialista, el Bloque Democrático Senegalés, con el que gana escaños locales. La idea política de Senghor era crear federaciones en África ligadas a Francia, sin embargo los intereses de los líderes de otros países africanos y de la misma Francia terminaron por ahogar esta lucha, desencadenando finalmente independencias separadas. Es así como en 1960 se proclama la independencia de la República del Senegal y Senghor es elegido su primer presidente, cargo que mantuvo hasta 1980. Años más tarde señalará que "esta acción política la fundamos siempre sobre cierta idea del hombre, y primero del hombre negro-africano, histórica y geográficamente situado. En resumidas cuentas, sobre la cultura, muy precisamente sobre el concepto de Negritud"[111].

Y es que el concepto de negritud que desarrolla Senghor está enteramente volcado a la cultura y valores africanos. Ante la colonización francesa y su

---

[107] Sartre, Jean Paul. "Orfeo negro". *El negro y su arte*. Buenos Aires: Editorial Deucalión, 1956, p. 46.

[108] *Présence africaine* es, además, desde 1949, editorial, contribuyendo enormemente a la difusión de los trabajos de intelectuales negros tanto del África como de América Latina y el Caribe.

[109] Ver: www.presenceafricaine.com

[110] Citado en Durán. Ob. cit., p. 22.

[111] Senghor, Léopold Sédar. *Liberté 2. Nation et voie africaine du socialisme*. París: Editions du Seuil, 1971, citado en: Durán. Ob. cit., p. 29.

política de asimilación cultural, este autor propone como solución el retorno a las raíces africanas, a la civilización que une a todos los negros del mundo, a pesar de la distancia temporal y geográfica que los ha separado. La negritud, señaló Senghor, "es el conjunto de los valores morales, artísticos y sociales no solo de los pueblos del África negra, sino aun de las minorías negras de América, y además de Asia y Oceanía"[112]. Se trata entonces de un núcleo valórico que todos los negros portan y al cual solo los negros pueden acceder; sin embargo, aclara Senghor, "la *négritude* no es un cierre, un *ghetto*. Es todo lo contrario, porque es una apertura a y sobre los demás. Pero es, primero, enraizamiento en las virtudes de los pueblos negros"[113].

Senghor trata de mostrar al mundo blanco que existe una cultura y civilización negro-africana que está a su mismo nivel y que puede aportar a la humanidad, a la vez que busca mostrarles a los negros que tienen una cultura y civilización específica que los determina y que si bien es posible incorporar aportes extranjeros, esto debe hacerse desde el reconocimiento de esa plataforma valórica de lo contrario se cae en la asimilación, el verdadero enemigo cultural.

La negritud senghoriana, esencial, inmutable, supone una relación en la que la identidad, la cultura africana y la raza negra resultan homologables. Los negros tendrían asociada una serie de elementos propios de la cultura africana que los define socialmente y que no se modifica en el tiempo ni en el espacio, adquiriendo una dimensión ahistórica, perenne. A pesar de que Senghor a lo largo de su obra entregó varias definiciones de lo que él ha entendido por negritud, llegando incluso a decir que negritud es la "manera de vivir como negro" y que la *négrité* es el concepto que se refiere al "conjunto de los valores negros"[114], lo cierto es que siempre la define como una manera de sentir diferente y exclusiva de aquellos de pigmentación oscura, llegando incluso a señalar que así como la razón es helénica, la emoción es negra. Lo problemático de esta conceptualización, más que el énfasis en lo estético, lo ético, lo rítmico o emocional como lo propio del negro africano dejando de lado aspectos más intelectuales o formas de pensamiento, es que entrega elementos de orden psicológico a un conjunto social –los negros–, generando una abstracción que imposibilita considerar la diversidad cultural, geográfica, política e histórica que existe en su interior. La esclavitud, la diáspora forzada, la colonización, son elementos que entregan diversas y diferentes experiencias tanto a un negro antillano como a uno de Senegal o Argelia.

---

[112] Durán. Ob. cit., p. 18.

[113] *Ibíd.*, p. 20.

[114] Citado en Durán. Ob. cit., p. 19.

No obstante, esta forma de interpretar la negritud fue bien recepcionada en el contexto africano y particularmente senegalés, en el cual Senghor buscaba influir directamente, ya que al presentarla como exaltación de los valores tradicionales africanos ofreció una alternativa política radical y autónoma al pueblo senegalés colonizado. La negritud se transformó entonces en la fuerza de su discurso político y en una ideología al servicio del mundo negro africano.

Esta forma de entender la negritud va a tener defensores, adeptos, detractores y fuertes críticos, y va a diferir en más de un aspecto con las interpretaciones y apropiaciones que Aimé Césaire fue desarrollando paralelamente. En este sentido es posible afirmar que no hay una sola negritud sino, al menos, dos tendencias.

La negritud de Césaire

A Césaire lo he apartado y reservado para el final porque se trata del intelectual más influyente de la negritud, y además porque su trabajo tiene directa incidencia en el pensamiento de la zona Caribe.

Aimé Fernand David Césaire nació en 1913 en Basse Point, Martinica, una de las islas francesas situadas en el mar Caribe. Fue uno de los seis hijos del matrimonio entre un profesor y una costurera, y nieto del primer profesor negro del lugar y de una de las pocas mujeres que sabía escribir y leer en la isla a principios del siglo XX colonial.

Su isla natal, Martinica, fue descubierta por Cristóbal Colón en 1502 y solo en 1635 pasó a manos francesas. El interés en esta pequeña porción de tierra era geoestratégico, pero también económico, ya que sus suelos eran fértiles para el cultivo de caña de azúcar, el bien más apetecido por la época. Como todas las islas del Caribe francés e inglés, esta se transformó en una gran plantación colonial trabajada por miles de manos negras esclavas traídas desde África y manejada por un puñado de colonos franceses blancos. A pesar de que en 1848 y gracias a los esfuerzos de Víctor Schoelcher, la esclavitud fue abolida en Martinica y las otras islas francesas, el sistema colonial continuó dejando como consecuencia una estructura social muy segmentada por la posición económica y el color de piel: una pequeña elite blanca y francesa, seguida por otra elite mulata afrancesada y, finalmente, por una gran mayoría de población negra trabajadora. Es esa sociedad colonizada, racializada, pobre y mayormente analfabeta en la que Césaire creció y se educó, para luego, a los dieciocho años y tras conseguir una beca del gobierno francés, partir a París a continuar sus estudios, como todos los jóvenes de la elite mulata de la época.

En París, Césaire se reencuentra con la literatura francesa que tanto admiraba: Mallarmé, Rimbaud, Lautréamont y Claudel, a la vez que se nutre del África narrada por Senghor, su "padrino" en la Escuela Normal Superior, y descubre el Movimiento del Renacimiento Negro en Estados Unidos, sobre el cual hizo una tesis de maestría[115]. Es en este contexto que se involucra en el proyecto de *El estudiante negro* y de la negritud junto a Damas y Senghor, con quienes no intentó "elaborar una doctrina o un manifiesto, sino solo definir lo que significaba 'ser del Caribe, de África del sur, de Estados Unidos, de cualquier lugar en donde un hombre sufre'"[116]; ese al menos fue el propósito en un comienzo.

En 1939 se casa en París con la también martiniqueña Suzanne Roussy y decide retornar a Martinica para ejercer como profesor en el liceo de su infancia, teniendo entre sus estudiantes a Frantz Fanon y Edouard Glissant. Ese mismo año publica su poemario *Cuaderno de un retorno al país natal*, dando inicio a una vida ligada a la escritura, convirtiéndose en el autor de numerosos poemas y varias obras de teatro y ensayos.

El *Cuaderno…* es un largo texto poético que le tomó varios años concluir y que se transformó en una de sus obras más importantes; alcanzó rápidamente notoriedad por la madurez poética que le imprime, como también por la crudeza y el desgarramiento con los que reflexiona sobre una serie de aspectos relacionados con el tema principal del poema: su tierra natal. La pobreza, el olvido y la marginación por parte de Francia, que dan cuenta del estado de la isla a fines de los años treinta del siglo XX, son algunas características con las que Césaire se encuentra a su regreso de París y que denuncia en su relato poético:

> […] en esta ciudad inerte, esta muchedumbre al lado de su grito de hambre, de miseria, de rebeldía, de rencor, esta muchedumbre tan extrañamente vocinglera y muda. En esta ciudad inerte, esta extraña muchedumbre, que no se junta, que no se inmiscuye: hábil en descubrir el punto de desencuentro, de evasiva, de fuga. Esta muchedumbre que no sabe ser muchedumbre[117].

A lo largo del poema, Césaire repite la idea de una ciudad que no tiene vitalidad y de una sociedad que no se involucra a pesar de su padecimiento; que lanza un grito mudo que no puede ser escuchado. La inercia y el desencuentro son elementos que remiten a un pueblo oprimido, que no puede articularse y que solo acumula violencia (rebeldía y rencor aparecen como sinónimos en el

---

[115] Según Hale, Thomas y Kora Verón en su artículo "Is There Unity in the Writings of Aimé Césaire?". *Research in African Literatures*. Vol. 41, N° 1, 2010, esta tesis se titula "Le thème du sud dans la poésie nègre-américain", y Césaire la escribe al final de su carrera académica en París en el marco del programa Diplôme d'Études Supérieures.

[116] Ollé-Laprune, Philippe. "El poeta de la palabra hermosa como el oxígeno naciente: Aimé Césaire". Philippe Ollé-Laprune (selección y presentación). *Para leer a Aimé Césaire*. México: FCE, 2008, p. 15.

[117] Césaire, Aimé. "Cuaderno de un retorno a un país natal" (1939). Ollé-Laprune. Ob. cit., pp. 34-35.

poema). Se trata, por tanto, de un pueblo colonizado que no es dueño de sí mismo ("Yo no soy de ninguna nacionalidad prevista por las cancillerías"[118], dice Césaire) y que durante siglos no lo ha sido. Y es que a lo largo del poema su autor no se queda en el tiempo presente, viaja al periodo de la esclavitud y las plantaciones haciendo uso de la memoria colectiva que retiene su isla natal, y señala:

> El hombre-hambre, el hombre-insulto, el hombre-tortura se podía en cualquier momento agarrarlo molerlo a palos, matarlo –perfectamente matarlo– sin tener que rendir cuentas a nadie sin tener que dar excusas a nadie[119].

La crudeza del relato poético va acompañada de una forma de escritura (los guiones, por ejemplo) que intenta traspasar al lector la idea de que el hombre hecho esclavo dejaba de ser hombre y pasaba a ser hambre, insulto y tortura, es decir, nos habla de la cosificación y el fin de toda subjetividad como una consecuencia del proceso de colonización. Pero además, en el hecho de volver a visitar esta deshumanización, Césaire también está poniendo el acento en el racismo que toda colonización conlleva:

> (los negros-son-todos-iguales, lo-digo-yo
> los vicios-todos-los-vicios, se-lo-estoy-diciendo-yo
> el olor-del-negro-hace-crecer-la-caña
> no-olvide-el-viejo-refrán:
> golpear-a-un-negro es alimentarlo)[120].

El racismo involucra una despersonalización que impide reconocer individualidades ("son todos iguales") y por lo tanto niega cualquier identidad; y sin identidad es imposible reconocer tanto la semejanza como la diferencia. Césaire da cuenta de la anulación (y tal vez por ello ese párrafo está escrito entre paréntesis) que han padecido los africanos secuestrados, trasladados por la fuerza y esclavizados en América, como asimismo sus descendientes, indicando a Europa como la principal responsable:

> La voz pregona que durante siglos Europa nos ha atestado de mentiras e hinchado de pestilencia,
> pues no es cierto que la obra del hombre ha terminado
> que nada tenemos que hacer en el mundo

---

[118] *Ibíd.*, p. 57.

[119] *Ibíd.*, p. 42.

[120] *Ibíd.*, pp. 53-54.

que somos parásitos del mundo
que basta con que marchemos al mismo paso del mundo, mas
la obra del hombre apenas ha comenzado
y al hombre le queda por conquistar toda la prohibición
inmovilizada en los rincones de su fervor
y ninguna raza posee el monopolio de la belleza
de la inteligencia, de la fuerza
y hay cabida para todos en el lugar de reunión de la conquista y ahora
sabemos que el sol gira alrededor de nuestra tierra iluminando la parcela
que ha fijado nuestra sola voluntad y que toda estrella caída del cielo a la
tierra queda sujeta a nuestro poder sin límites[121].

En este pasaje del poema Césaire se mueve de la denuncia a la reivindicación de su pueblo natal, y por extensión de todos los negros, al primero negar lo que Europa ha establecido como ley: la inferiorización y esclavitud innata del negro, y luego reclamar para sí la belleza, inteligencia, fuerza y poder que todos los hombres poseen y que Europa ha monopolizado.

El recorrido de Césaire en este poema es por la historia, la memoria y el presente de su país natal, pero también es una mirada al futuro que no solo es proyección, sino que, sobre todo, es liberación:

haced de mí el ejecutor de estas nobles obras
ha llegado el tiempo de fajarme la cintura como un valiente

Mas al hacerlo, preservadme, mi corazón, de todo odio
no hagáis de mí este hombre de odio para quien solo
guardo odio
pues por atrincherarme en esta única raza
conocéis sin embargo mi amor tiránico
sabéis que no es por el odio a otras razas
que me reclamo orgulloso de esta única raza
lo que quiero
por el hambre universal
por la sed universal

es conminarla para que libre al fin
de su cerrada intimidad
saque a la luz la suculencia de los frutos[122].

---

[121] *Ibíd.*, p. 70.

[122] *Ibíd.*, p. 64.

El poeta conmina a su raza a buscar la libertad, a encontrar y restablecer la dignidad perdida por la esclavitud, el racismo y el proceso colonial. En otras palabras, Césaire en este poemario ya está delineando su concepción de negritud como el grito negro de libertad que esta vez ya no puede ser enmudecido.

Ahora, en lo que a la negritud respecta, Césaire en este poemario más que entregarnos una definición, lo que hace es un recorrido por todo lo que este concepto involucra: desde la denuncia del racismo sufrido por los negros hasta la posibilidad de superarlo en pos de la construcción de una verdadera humanidad en la que todos los hombres tengan cabida. En medio de estos puntos extremos (el origen del sufrimiento y la solución al racismo) es posible encontrar varios aspectos de interés. En primer lugar, Césaire en este poema si bien habla de razas (hace alusiones a "su raza") entiende que este concepto no involucra solo diferencias biológicas, sino también sociales, pues vincula la pobreza con el racismo, y a ambos como resultados de la opresión colonial. En este sentido y tal como se plantea en el Capítulo 1 de este trabajo, Césaire tempranamente reconoce la existencia de un proceso de racialización de las sociedades en el que la raza no implica tan solo un concepto o idea abstracta, sino que también una materialidad y una historicidad que permiten comprenderla como una construcción social y de poder; y la negritud es resultado de y oposición a ese proceso impuesto e inferiorizante.

En segundo lugar, pero ligado al punto anterior, este autor le entrega a la negritud una posición en la historia, una fecha y lugar de nacimiento al señalar que es en "Haití donde la negritud se puso de pie por primera vez y dijo que creía en su humanidad"[123], haciendo clara alusión a la revolución que en 1804, luego de haber derrotado a las tropas napoleónicas, llevó a los negros comandados por Toussaint L'Ouverture a abolir la esclavitud, a proclamar la independencia de la tierra que habitaban y a la fundación de una república moderna. Es en este hito histórico en el que Césaire reconoce los orígenes de la negritud[124].

Finalmente, en el *Cuaderno…* Césaire no nos dice qué es precisamente la negritud, sino que más bien nos dice lo que la negritud no es:

> mi negritud no es una piedra de sordera arrojada contra el clamor del día
> mi negritud no es una nube de agua muerta en el ojo muerto de la tierra
> mi negritud no es una torre ni una catedral[125].

---

[123] *Ibíd.*, p. 45.

[124] Así también reconoce en William Edward Burghardt Du Bois al padre de la negritud por todo el trabajo hecho por este afroamericano, incluso antes del movimiento del Renacimiento de Harlem.

[125] Césaire."Cuaderno de…". Ollé-Laprune. Ob. cit., p. 62.

El definir a partir de una negación resulta a primera vista contradictorio cuando lo que está en juego es una identidad; sin embargo, si consideramos que "ser negro" durante siglos significó salvajismo, bestialidad, esclavitud, como antes vimos en el Capítulo 1, no resulta tan extraño pasar por el cedazo de la negación para finalmente arribar a una afirmación positiva de la identidad. Este tránsito requiere tiempo, pues se trata de un proceso colectivo en el que primero se cuestionan y luego se disputan los significantes asociados a lo negro. Se trata por tanto de un posicionamiento que se opone a lo establecido, a lo consensuado socialmente, y en ese sentido también puede ser leído como la toma de una posición política crítica al sistema imperante.

Uno de los mayores cuestionamientos de Césaire y de los fundadores de *El estudiante negro* fue justamente la política cultural que Francia había establecido en sus colonias, con la que promovía todos los patrones de la cultura francesa y minimizaba, ocultaba e inferiorizaba los significantes culturales propios de cada colonia, como su lengua creole, sus bailes, comidas y también a sus intelectuales. Es con esta visión crítica que en 1941, junto a su esposa y sus amigos René Ménil y Georges Gratiant, funda la revista *Trópicos* (*Tropiques*). Pensada como un espacio para ofrecer a los lectores martiniqueños autores y textos todavía desconocidos y, más aún, para dar un espacio a diversas expresiones artísticas e intelectuales propias de la isla alejadas de las corrientes dominantes de la época, esta iniciativa solo alcanzó a durar cinco años, con catorce publicaciones entre 1941 y 1945, debido a las censuras y presiones que recibe por parte de la elite criolla, los *békés*, y los representantes del Gobierno de Vichy, en medio de la Segunda Guerra Mundial y de la ocupación de Francia por los alemanes.

La guerra marca de manera particular a la isla, dada su condición colonial, pues la debilitada economía y política central la impactaron profundamente: Martinica dependía de la importación de bienes manufacturados que escaseaban en Francia, las exportaciones desde la isla bajaron considerablemente, generando desempleo, mientras que el aumento poblacional producto de la guerra que dejó atascados en la isla a miles de franceses, agregaron pobreza. Bajo estas condiciones, Césaire, al igual que Damas y Senghor, decide involucrarse en la actividad política cuando el Partido Comunista, que gozaba de gran prestigio en Francia luego de la liberación, le ofrece participar en las próximas elecciones bajo sus filas; de este modo y bajo esa filiación gana en 1945 tanto la alcaldía de Fort de France, cargo que ejerció hasta el año 2001, como un cupo como diputado de Martinica en la Asamblea Nacional, investidura que tuvo hasta 1993.

Desde la vereda política Césaire encarnó una paradoja con respecto a la condición colonial de la isla. Su involucramiento en política sin duda fue impulsado para tener una mejor tribuna desde la cual cuestionar la relación entre la metrópoli y la colonia; sin embargo, y a pesar de su declarada vocación independentista, Césaire luchó por la incorporación de Martinica (y también de Guadalupe, Guyana y Reunión[126]) al Estado francés, consiguiendo en 1946 el estatuto de Territorio de Ultramar (Départements d'Outre Mer, DOM), condición política que se mantiene hasta hoy, y que significó, entre otras cosas, obtener voto popular y representación parlamentaria para las Antillas francesas, grandes conquistas si recordamos que estamos hablando de una colonia clásica[127]. Más adelante, él mismo explicaría esta opción aduciendo que la delicada situación económica de la isla al terminar la guerra hacía muy difícil pensar en la viabilidad de la independencia en ese momento.

Ahora bien, su incursión en política no obstaculizó su pluma y en el mismo 1946 publica *Las armas milagrosas* (*Les armes miraculeuses*); dos años después, en 1948, *Sol guillotinado* (*Soleil cou coupé*) y *Cuerpos perdidos* (*Corps perdu*) en 1949. Estos dos últimos poemarios aparecerán en su obra *Catastro* (*Cadastre*) de 1961, únicamente antecedida por *Herrajes* (*Ferrements*), publicada solo un año antes, en 1960. *Yo, laminaria* (*Moi, laminaire*), publicado en 1981, se transformó en su último poemario aunque no en el fin de su escritura poética, pues posteriormente publicó de manera ocasional algunos poemas. La poesía de Césaire escrita en un perfecto francés tiene un tono marcadamente surrealista en la que predomina la imagen por sobre la idea. Repletos de metáforas, los poemas de este intelectual no son fáciles de leer, están plagados de códigos, de abstracciones para referirse a las múltiples temáticas que aborda en ellos; la esclavitud, la opresión de los blancos, la trata de esclavos, el exilio, África ancestral, la civilización occidental, la esperanza y la revolución están representadas a través de símbolos visuales, generalmente provenientes de la naturaleza. Es por esto que la poesía de Césaire no fue tan popular, ya que su complejo lenguaje se alejaba de las mayorías sin educación. Además, sufrió "la marginalización de su obra en el universo poético francés, más preocupado por las teorías y la escritura intimista"[128] luego de la guerra y del decaimiento del surrealismo como tendencia preponderante, a lo que debe agregarse la dura crítica literaria proveniente de la izquierda, que por su estética siempre consideró la escritura poética de Césaire opuesta al realismo socialista.

Más allá de las críticas, para Césaire el surrealismo fue fundamental para canalizar la negritud, ya que si esta significaba lo negado por la cultura colonizadora francesa, el surrealismo fue la herramienta de liberación que la misma cultura francesa le entregó:

---

[126] Esta isla, que también es DOM desde 1946, no está en el mar Caribe, sino situada en el Océano Índico.

[127] La ciudadanía francesa la habían obtenido en 1848 al momento de la abolición de la esclavitud.

[128] Ollé-Laprune. Ob. cit., p. 23.

> El surrealismo me interesaba en la medida en que representaba un factor de liberación [pues] si aplico el surrealismo a mi situación particular, puedo hacer un llamado a las fuerzas inconscientes. Para mí esto era un llamado a África. Yo me decía: es cierto que superficialmente somos franceses, que hemos estado en contacto con las costumbres francesas. Hemos sido marcados por el cartesianismo, por la retórica francesa, pero, si se rompe todo eso, si se baja a las profundidades, se encontrará al negro fundamental[129].

Pero Césaire no solo se dedicó a la poesía; el teatro fue una expresión literaria mediante la cual pudo llegar a una gran cantidad de espectadores poniendo la poesía al servicio de las masas: "en el siglo en el que estamos [señaló], la poesía representa un lenguaje que parece más o menos esotérico. Hay que hablar claro, hablar nítidamente, para difundir el mensaje. Me parece que el teatro puede hacerlo y muy bien"[130]. Durante su vida escribió cuatro obras; en la primera, *Y los perros callaban* (*Et les chiens se taisaient*) de 1946[131], aborda la posibilidad de rebelión en las Antillas. Repasando los trágicos sucesos que implicaron la esclavización y colonización, Césaire pone en escena los hechos que desencadenaron la violencia de los esclavos hacia sus amos y los distintos argumentos que se esgrimieron para vengar las opresiones por siglos aguantadas.

Las tres obras restantes fueron escritas durante los años sesenta, periodo muy fructífero en este ámbito. En 1963 publicó *La tragedia del rey Christophe* (*La tragédie du roi Christophe*), inspirada en los hechos históricos acaecidos en Haití luego de su independencia, en la que reflexiona sobre la construcción del poder luego del fin de la colonización y la legitimidad de los nuevos gobernantes. Césaire problematiza las ideas de democracia y libertad a través de la toma de poder de un ex esclavo que luchó por la independencia, se transformó en uno de sus líderes y que decide en 1811 instalar un reinado, a la usanza europea, en la parte norte de Haití. Césaire busca poner sobre la mesa el dilema que se presenta luego de una revolución conducente a la autonomía: la independencia, a pesar de su derramamiento de sangre, es gloriosa, heroica, pero fácil comparada con la inmensa tarea posterior de la lucha por el poder, más bien trágica. No obstante esta visión funesta, Césaire no critica ni ridiculiza a Christophe, pues:

---

[129] Depestre, René. "Conversación con Aimé Césaire" (1967). *Buenos días y adiós a la negritud.* Cuba: Ediciones Casa de las Américas, 1986, p. 53.

[130] Ollé-Laprune. Ob. cit., p. 27.

[131] Esta obra suele presentar dos fechas de publicación: 1946 y 1956. Sin embargo, solo la primera es correcta y corresponde a la fecha de publicación original, pues la segunda se trata de una publicación revisada de la obra.

A pesar de sus errores, sus debilidades, es un hombre que quiso la grandeza de su pueblo, que quiso rehabilitar su raza, porque él fue el portador, mediante sus actos, de una grandiosa aspiración a la dignidad. Él es un hombre ambiguo, pero muy importante ya que constituye una articulación histórica: es un hombre de transición. Yo no quiero simplificar, yo quiero mostrar las cosas en su ambigüedad[132].

Dos años más tarde, en 1965, publica la obra *Una temporada en el Congo* (*Une saison au Congo*), en la que cuestiona los procesos de descolonización del África por los conflictos que estos acarrearon al interior de sus países. Los años sesenta están marcados por los procesos de liberación nacional que enfrentaron diversos países del continente africano, los que desembocaron muchas veces en crueles pugnas internas por el control del poder político entre las distintas facciones que se lo disputaban. Es el caso del Congo, que en 1960 se independiza en un proceso liderado por Lumumba, quien es finalmente asesinado.

Su última pieza teatral, de 1969, se titula *Una tempestad* (*Una tempête*) y está inspirada en la producción del escritor inglés William Shakespeare, *La tempestad*. En este trabajo Césaire nuevamente aborda el colonialismo, enfatizando esta vez en su carácter impositivo y, por ello, carcelario. Ya desde el título el poeta se apropia de la historia entregándole una dimensión particular (es "una" tempestad) y no generalizadora ("la" tempestad), en un acto crítico de la dimensión homogenizante que tiene toda intención colonialista. En sus páginas va desarrollando la tensión entre las prácticas impuestas por el colonialismo y la búsqueda de libertad por parte de los oprimidos a través de los personajes principales Próspero, el colonizador, y Caliban, el colonizado. Nuevamente aparece la violencia como una consecuencia de este sistema y como un recurso inevitable ante la opresión, idea que queda ejemplificada en este pasaje:

CALIBAN: Y me has mentido tanto, mentido sobre el mundo, mentido sobre mí mismo, que has conseguido imponerme una imagen de mí mismo: Un subdesarrollado, un in-capaz, así has hecho que me viera, y esa imagen, ¡la odio! ¡Es falsa! Pero ahora te conozco, viejo cáncer, y me conozco.
Y sé que un día mi puño desnudo, solo mi puño desnudo ¡bastará para aplastar tu mundo! ¡El viejo mundo de mierda![133].

---

132 Entrevista a Aimé Césaire, realizada en París, 1965, por Khalid Chraibi, en ocasión del estreno teatral de *La tragedia del rey Christophe* en el teatro Odeón. Disponible en: http://www.la-tragedie-du-roi-christophe.blogspot.com/. Traducción de la autora.

133 Césaire, Aimé. *La tragedia del rey Christophe/Una Tempestad*. Barcelona: Barral Editores, 1972, p. 177.

De hecho, algunas interpretaciones de esta obra[134] señalan que en ella Césaire lo que buscó fue actualizar la problemática de la colonización a propósito de los sucesos que por la época sacuden a Estados Unidos (Malcom X, las panteras negras, Martin Luther King y la lucha por los derechos civiles de los negros), relacionados con una crítica y grandes protestas por la fuerte marginalización y racismo que las poblaciones afroamericanas sufrían en ese país.

El teatro de Césaire, en términos generales, tiene dos características transversales: en primer lugar todas sus obras hacen referencia a la lucha de los oprimidos contra sus opresores, y, en segundo lugar, todas las historias que recrea están marcadas por la tragedia: en *Una temporada en el Congo* Lumumba muere; en *La tragedia del rey Christophe* este no consigue su ideal y también muere, y en *Una tempestad* Caliban tampoco obtiene su libertad. Entonces, si Césaire buscó hacer llegar a un amplio público el mensaje que la poesía restringía, y que no es otra cosa que la posibilidad de los pueblos oprimidos de obtener la libertad, ¿qué significa la tragedia? Una primera aproximación podría sugerir la desesperanza interna del autor ante la real posibilidad de lograr la descolonización; sin embargo Césaire, aunque sabía que el colonialismo es un monstruo difícil de derrotar, lo cierto es que hasta el final sostuvo que la autodeterminación de los pueblos no solo es una necesidad sino un derecho.

Por lo anterior, la dimensión trágica de sus obras, creo que más bien apunta, aunque nunca lo dice en ninguno de sus ensayos, a dos aspectos. En primer lugar, a que la lucha por la libertad es un camino inevitable y que la violencia es una consecuencia no querida ni justificable, pero necesaria ante un sistema tan autoritario como el colonial. En segundo lugar, Césaire muestra en sus obras y a través de sus principales personajes que la opresión muta de un contexto a otro, y que incluso abolido el colonialismo los pueblos oprimidos se enfrentan a otros poderes, es decir, la tragedia de la opresión no solo involucra a los pueblos colonizados, sino a todos los que simplemente son oprimidos. A pesar de que Césaire nunca ocupa el concepto de revolución, esta es una época revolucionaria en muchos sentidos y él, un intelectual de izquierda, elementos que de alguna manera permiten entender su propuesta.

Ahora, durante el mismo periodo en que publica las obras teatrales, Césaire escribió su único ensayo histórico en 1962, titulado *Toussaint L'Ouverture, la revolución francesa y el problema colonial* (*Toussaint L'Ouverture, la révolution française et le problème colonial*), en el que repasa la vida del líder de la revolución haitiana demostrando cómo los derechos humanos y los valores de la modernidad encarnados en la revolución francesa están presentes en las poblaciones locales, caribeñas: "El autor se dedicó particularmente a mostrar que los negros así liberados lograron organizarse con mucha eficacia; confirió a esos

---

[134] Me refiero particularmente a la entregada por Ollé-Laprune en su obra ya citada.

personajes centrales el papel de poeta, precursor, despertador de conciencias"[135]. En este ensayo Césaire rescata la figura del líder y la sitúa como un elemento central de una lucha legítimamente moderna, en la que el fin último es el desarrollo libre de un pueblo.

Es en este periodo que Césaire con mayor claridad vincula la negritud con la crítica al colonialismo. Si bien es cierto que desde un comienzo la negritud fue para este autor una trinchera de lucha contra la asimilación cultural de las Antillas, consecuencia de la colonización, es en estos trabajos donde más expresamente los relaciona y propone la negritud como una respuesta a la desventura de todo un pueblo producida por el sistema colonial. La negritud bajo este entendido no se trata de la defensa de una raza en sí misma, no se trata de un racismo inverso, como muchos han planteado, sino de la toma de posición desde los oprimidos. "Si los negros [señala Césaire] no fueran un pueblo, digamos, de vencidos, un pueblo de desventurados, un pueblo humillado, etc.; si se invierte la Historia y se hiciera de ellos un pueblo de vencedores no existiría la negritud. Yo no defendería la negritud, me parecería insoportable"[136]. Es por esta misma razón que por la época declara no estar de acuerdo con los sucesos de Haití bajo el régimen de Françoise Duvalier, dictador que se mantuvo en el poder entre 1957 y 1971, y quien se declaraba a favor y partícipe de la negritud.

El tránsito hacia una negritud explícitamente más asociada a la crítica del colonialismo, que se expresa en su trabajo literario, tiene su explicación en el giro político que Césaire tuvo durante los años cincuenta. En esa década su trabajo poético fue desplazado por la actividad política y por los ensayos, publicando en 1950 uno de sus más importante trabajos, el *Discurso sobre el colonialismo (Discours sur le colonialisme)*[137]. Según una de las últimas investigaciones realizadas en torno a la obra de Césaire[138], este discurso fue encargado por una editorial de derecha –*Réclame*[139]– que esperaba una apología al régimen colonial; Césaire acepta siempre que pueda expresarse con absoluta libertad, obteniendo como resultado un ensayo tremendamente crítico del colonialismo y sus consecuencias, despertando rechazo por parte de los defensores colonialistas y debates entre los intelectuales francófonos sobre el rol de Francia en el sistema colonial desplegado por Europa.

---

[135] Ollé-Laprune. Ob. cit., p. 28.

[136] Leiner, Jacqueline, "Conversación con Aimé Césaire". Ollé-Laprune, Ob. cit., p. 397.

[137] Según Laura López Morales, compiladora del texto *Literatura francófona: II. América.* México: FCE, 1996, este discurso fue encargado a Césaire en 1948 a propósito de la celebración del cumplimiento de los cien años de la abolición de la esclavitud en las Antillas francesas, siendo publicado solo dos años después.

[138] Me refiero al texto ya citado de Philippe Ollé-Laprune.

[139] Solo cinco años más tarde, en 1955, aparece en *Présence africaine* y en 1966 es traducido al español y publicado por la editorial Casa de las Américas en Cuba.

Césaire desarrolla su reflexión a la luz de los hechos recientemente acaecidos en el viejo continente: el fin de la Segunda Guerra Mundial, las reacciones frente al antisemitismo, el racismo, Hitler y la proclamación de los derechos humanos. En ese contexto observa lo espantada que está Europa con las matanzas de miles de judíos y cómo a partir de ello se revitalizan viejos humanismos; pero para Césaire el espanto y el horror de Europa no serían por la falta de humanidad de unos con otros, sino por la inhumanidad que esta vez los blancos osaron tener contra otros blancos y al interior del continente:

> [...] en el fondo lo que no le perdona [Europa] a Hitler [dice Césaire] no es el *crimen* en sí, *el crimen contra el hombre*, no es *la humillación del hombre en sí*, sino el crimen contra el hombre blanco, es la humillación del hombre blanco, y haber aplicado en Europa procedimientos colonialistas que hasta ahora solo concernían a los árabes de Argelia, a los *coolies* de la India y a los negros de África[140].

Este periodo de posguerra coincidió también, para el caso francés, con los cuestionamientos sobre la legitimidad de su colonización, primero desde Indochina y más tarde desde Argelia. Pero lo que más sorprende de este discurso es que no está dirigido a los pueblos oprimidos, como lo pudiese haber hecho Césaire para buscar apoyo o para rehuir de las críticas provenientes del poder, sino que apunta precisamente a los colonizadores y a los efectos que ese sistema ha tenido sobre ellos:

> El hecho es que la civilización llamada "europea", la civilización "occidental", tal como ha sido modelada por dos siglos de régimen burgués, es incapaz de resolver los dos principales problemas que su existencia ha originado: el problema del proletariado y el problema colonial. Esta Europa, citada ante el tribunal de la "razón" y ante el tribunal de la "conciencia", no puede justificarse; y se refugia cada vez más en una hipocresía aun más odiosa porque tiene cada vez menos probabilidades de engañar [...] "Europa" es moral y espiritualmente indefendible[141].

La colonización solo ha logrado descivilizar, embrutecer y degradar a los colonizadores, pues solo de esa manera se logra despertar en ellos la codicia, la ambición y el relativismo moral que se requieren para cometer todas las torturas de la colonización. Europa es indefendible porque ha sido cómplice de este proceso que bestializa a los colonizadores y porque ha silenciado y legitimado

---

[140] Césaire, Aimé. "Discurso sobre el colonialismo" (1950). *Discurso sobre el colonialismo.* Madrid: Akal, 2006, p. 15.

[141] *Ibíd.*, p. 13.

la barbarie hacia pueblos no europeos. Ahora bien, la impugnación que le hace a Europa es precisamente a su dimensión colonizadora y no a la cultura europea; Césaire, lejos de idealizar para bien o para mal a Europa, establece una separación que la nivela a cualquier otra cultura. Criticando su eurocentrismo, baja del pedestal a Europa y la enfrenta a sus propias contradicciones y, tal como Caliban, lo hace con las herramientas que esa misma cultura le entregó.

Césaire continuó esta línea de reflexión cuando en septiembre de 1956 y en el marco de la realización del Primer Congreso de Escritores y Artistas Negros, celebrado en París, presentó su discurso *Cultura y colonización* (*Culture et colonisation*). En este texto el autor reflexiona sobre los elementos comunes que tienen los negros provenientes del África negra, Norteamérica, las Antillas y los malgaches; un denominador común es la colonización, mientras que la pertenencia a una civilización negroafricana es el otro punto de encuentro. Al respecto dice Césaire:

> Me parece que todo esto legitima nuestra reunión aquí. Hay entre todos los reunidos una doble solidaridad: *una solidaridad horizontal*, producida por la situación colonial o semicolonial o paracolonial que les ha sido impuesta desde el exterior. Y por otra parte, una solidaridad, vertical esta, *en el tiempo*, que proviene de que a partir de una unidad primera, la unidad de la civilización africana, se diferenció toda una serie de culturas, deudoras todas en grados diversos de esta civilización[142].

La solidaridad de la que habla Césaire es la que sustenta la negritud y es la base para reclamar la iniciativa histórica de los pueblos negros, cuyas culturas deben transitar libres para poder desarrollarse, siendo en su caso la colonización el principal obstáculo. Por esta época y luego de diez años de haber conseguido el estatuto de DOM para Martinica, Césaire retoma la vía autonomista y comienza una lucha no solo contra la asimilación cultural sino también contra la dependencia económica y política de su isla natal. Es precisamente en este ensayo donde Césaire plantea las dificultades de los pueblos colonizados para integrar los elementos culturales de la civilización colonizadora, que sin duda permean las culturas oprimidas, y reclama la imposibilidad de escoger ente la fidelidad y el atraso o el progreso y la ruptura cuando la colonización se termina y hay que seguir un camino propio. Para este autor no es posible predecir cómo se conformará la nueva cultura sino solo pedir la palabra para construir su propia historia: "estamos aquí [dice Césaire al finalizar su discurso] para decir y para reclamar: dad la palabra a los pueblos. Dejad entrar a los pueblos negros en el gran escenario de la historia"[143].

---

[142] Césaire, Aimé, "Cultura y colonización" (1956). Ob. cit., 2006, p. 48.

[143] *Ibíd.*, p. 61.

Hasta el *Discurso…* la negritud cesairiana ha pasado por dos momentos: el de la negación y el de la apropiación de elementos culturales significativos, como los africanos. Luego, en sus ensayos o discursos, la negritud comienza a entrelazarse con la crítica a la colonización y a identificarse con la posición de los oprimidos, lo cual concuerda con los ideales comunistas de Césaire. Pero en sus piezas teatrales se vio que la negritud toma un tono de tragedia que nos revela las barreras existentes para alcanzar la plena libertad. Pues bien, un mes después de su participación en el mencionado Congreso, en octubre de 1956 Césaire escribe la *Carta a Maurice Thorez* (*Lettre à Maurice Thorez*), por entonces Secretario General del PC Francés, en la que le señala las razones para renunciar a su militancia política.

Al hacerse públicas las represiones y el manejo dictatorial del stalinismo en la ex Unión Soviética y constatar que el PC Francés no se manifestó en contra de esos abusos, a lo que se sumó el apoyo del mismo partido a la continuación de prácticas y políticas colonialistas en Argelia, el poeta declara que ha "adquirido la convicción de que nuestros caminos y aquellos del comunismo, tal como ha sido puesto en práctica, pura y simplemente no coinciden"[144]. A pesar de que no reniega ni del comunismo ni del marxismo, sino de sus prácticas, lo cierto es que el poeta se desencanta de un partido que solo opta por los oprimidos de una raza y asume que la lucha contra el colonialismo no necesariamente va de la mano con la lucha del proletariado. "Nuestra hora ha llegado [dice Césaire en la carta de renuncia]. Y lo que acabo de decir de los negros no solo es válido para los negros"[145]. De este modo, opta y apela a la autodeterminación de los pueblos y decide formar en 1958, el Partido Progresista Martiniqués, retomando desde ahí la lucha por la autonomía y descolonización absoluta de Martinica. Sin embargo, desde este momento, la negritud cesairiana parece tomar un cariz de desencanto más que de esperanza, como se desprende de sus piezas teatrales. Más que un deseo de revolución, existe la sensación de la imposibilidad de cambio, algo así como una desesperanza aprendida, tanto lo largo de la historia de su país como de su propia vida.

Años más tarde, en 1987, se celebró en Miami, Estados Unidos, la Primera Conferencia Hemisférica de los Pueblos Negros de la Diáspora, en la que Aimé Césaire fue homenajeado. El contexto en el que se realiza esta actividad está marcado por procesos diaspóricos muy distintos a los de principios de siglo. Desde los años 1960 y sobre todo de los 1980, el viaje es hacia el nuevo imperio estadounidense y se trata de un movimiento migratorio marcadamente

---

[144] Césaire, Aimé. "Carta a Maurice Thorez" (1956). Ob. cit., 2006, p. 79.

[145] *Ibíd.*, p. 83.

femenino vinculado al ámbito laboral, ya sea como mano de obra o servicios[146]. Sin embargo y según lo señala la académica peruano-chilena Lucía Stecher, a comienzos del siglo XX:

> [...] se trata del viaje emprendido por los jóvenes –principalmente hombres– anglo y franco-caribeños para continuar su formación formal e informal en las capitales metropolitanas [...] incentivados por los poderes coloniales que requerían de la conformación de una elite colonial asimilada a la cultura europea que actuara como mediadora entre sus instituciones y el pueblo colonizado[147].

Estos cambios de alguna manera explican por qué este tipo de reuniones comienzan a celebrarse en Estados Unidos y a incluir cada vez más las reflexiones femeninas en torno a la raza, la diáspora, la memoria y otros aspectos de la intelectualidad.

Césaire prepara entonces un discurso en el que decidió retomar la negritud y su conceptualización haciendo un repaso por casi cincuenta años del concepto y a la luz de los cambios que han afectado al Caribe y a la población negra. Se trata de un documento no tan conocido, pero fundamental para estos menesteres, el *Discurso sobre la negritud. Negritud, etnicidad y culturas afroamericanas* (*Discours sur la négritude. Négritude, Ethnicity et Cultures Afro aux Amériques*). En este corto ensayo Césaire alcanzó una definición para lo que él ha interpretado como negritud, delimitación teórica que involucra los distintos momentos de esta: negación y oposición a los imperativos culturales dominantes, revalorización de la cultura negroafricana, crítica al colonialismo y finalmente oposición a la opresión histórica, pues para el poeta la negritud

> [...] es una manera de vivir la historia dentro de la historia: la historia de una comunidad cuya experiencia se manifiesta, a decir verdad, singular con sus deportaciones, sus transferencias de hombres de un continente a otro, los recuerdos de creencias lejanas, sus restos de culturas asesinadas[148].

---

[146] Stecher, Lucía. *Salir del país natal para poder regresar: desplazamientos y búsquedas identitarias en la escritura de mujeres caribeñas contemporáneas.* Tesis para optar al grado de Doctor en Literatura. Mención Literatura Chilena e Hispanoamericana. Santiago de Chile: Universidad de Chile, Facultad de Filosofía y Humanidades, 2006, p. 115.

[147] *Ibídem.*

[148] Césaire, Aimé, "Discurso sobre la negritud. Negritud, etnicidad y culturas afroamericanas" (1987).Ob. cit., 2006, pp. 86-87.

Con esta definición Césaire destaca la dimensión histórica de la negritud que muchas veces se pierde en la abstracción del concepto, aunque él la ha hecho manifiesta desde el *Cuaderno de un retorno al país natal*. Esta forma de entender la negritud es la principal diferencia que Césaire tiene con la negritud de Senghor; para el martiniqueño no solo implica la valorización de la cultura africana sino también entender que existe un quiebre con ese mundo dado por la diáspora forzada y la esclavitud, que si bien afectó igualmente a África no lo hizo de la manera profunda y fracturante que fue para los trasplantados, quienes cargan con más de trescientos años de colonización. No se trata, por lo tanto, tan solo de recuperar una cultura de origen como lo fue para Senghor, sino que también de apropiarse de una memoria traumática, de valorizar la cultura creada a partir de la diáspora y de reconocerse como parte del proceso histórico caribeño.

La asociación entre la dimensión histórica y los conceptos teóricos es un ejercicio que Césaire no solo hace con la negritud, sino también con la idea de raza. En este mismo discurso el poeta toma distancia de un concepto que ya en los años 1980, estaba presente en este tipo de discusiones: la etnicidad. Para Césaire, este concepto tiende a equívocos y posee connotaciones desagradables, en clara alusión al vínculo con el concepto de raza que luego del holocausto judío emprendió su retirada. Desde el *Cuaderno…* hasta el *Discurso sobre la negritud*, este autor ha mantenido una idea en torno al concepto de raza y racismo: se trata de constructos sociales inventados para justificar la conquista, colonización y esclavización de pueblos enteros por parte de potencias europeas. Césaire no naturaliza la raza, aunque tampoco la niega, sino que más bien da a entender la existencia de un proceso de racialización que ha afectado a los negros africanos y también a otros pueblos. La raza está ligada al colonialismo, y en ese entendido la negritud es un reclamo contra esos procesos racializadores. No se trata de raza, tampoco de etnicidad, sino de identidad, esa es la opción de Césaire:

> Pienso en una identidad no como un arcaísmo devoradora de sí mismo, sino devoradora del mundo, es decir, que se apodera sobre todo del presente para mejor reevaluar el pasado y, más aún, para preparar el futuro […] yo digo que dar la espalda a la identidad es regresar a ella y es entregarse sin defensa a una palabra que tiene aun su valor; es entregarse a la alienación[149].

Finalmente y luego de este recorrido por la negritud, es posible distinguir al menos dos tendencias generales que en torno a este concepto desplegaron los fundadores de la revista *El estudiante negro*: una más esencialista, vinculada a los valores de una cultura específica y por tanto exclusiva y excluyente, como la que

---

[149] *Ibíd.*, p. 90.

desarrolló Senghor en torno a la cultura negroafricana, y otra histórica, estética pero también ética, vinculante en un cierto nivel y diferenciadora en otro, desarrollada por Césaire y que en buena medida compartió con Damas. Ahora bien, ambas corrientes tienen en común una negritud entendida como la búsqueda de una identidad, de lo que hace diferente a un colectivo de otro y de la necesidad de expresar esa diferencia como un derecho por siglos negado. Asumir esto implicó avanzar hacia el reconocimiento de una historia particular, de un pasado doloroso, pero propio, y de la posibilidad no menor de pensar un futuro libre y no bajo el yugo colonizador, opresor. He ahí la importancia de la negritud.

"Todos hijos de Césaire": los caminos de la negritud en el Caribe

El 16 de abril de 2008, a los 95 años, Césaire falleció en Martinica. Fue despedido, como pocos, con funerales de Estado por parte de Francia y recibió el reconocimiento tanto desde el ámbito político, literario e intelectual, como por parte de franceses, martiniqueños y antillanos en general. En ese momento y como nunca, todos estuvieron de su parte; por ejemplo, Patrick Chamoiseau, escritor martiniqueño, se refiere a Césaire como "su libertad" al titular uno de sus escritos en homenaje al poeta; aunque otros prefirieron resaltar el contenido poético más que político, como en el caso de Edouard Glissant[150].

Y es que si bien se podría sostener que la negritud se fue con Césaire, el último de los tres fundadores en morir, lo cierto es que dejó huellas imborrables en los intelectuales antillanos y en el pensamiento caribeño. Lo que intento precisar es que hoy la negritud no está vigente como tal, pues el mundo ha cambiado y los desafíos son otros, pero se ha conservado como un referente intelectual ineludible si lo que se busca es comprender los procesos identitarios caribeños.

El gran legado de la negritud cesairiana es haber instalado en el Caribe la discusión sobre la identidad de un pueblo que se suponía no tenía identidad, pues no tenía pasado ni historia y se creía inhabilitado para pensar autónomamente su futuro. Frantz Fanon (1925-1961), René Depestre (1926), Edouard Glissant (1928), Jean Bernabé (1942), Patrick Chamoiseau (1953) y Raphael Confiant (1951) son algunos de los más importantes intelectuales antillanos que se plantean esta discusión identitaria a partir de y en permanente diálogo con la negritud.

En 1952, apenas dos años después del *Discurso sobre el Colonialismo* de Césaire, se publica la primera obra del psiquiatra martiniqueño Frantz Fanon, bajo

---

[150] Para más información visitar la página web: http://www.madinin-art.net/lettre_info_990.htm

el título *Piel negra, máscaras blancas* (*Peau noire, masques blancs*) que contiene un profundo análisis sobre las consecuencias psicológicas del colonialismo y el racismo en la sociedad martiniqueña. Este libro, lejos de ser solamente un análisis médico, se transformó en una mirada sociológica de la situación de opresión colonial que sufría el negro al poner en relación los patrones conductuales de los martiniqueños con el contexto sociohistórico del cual son fruto y parte, y que resultó aplicable a otras situaciones coloniales. El diagnóstico de esta situación de "alienamiento", como lo llama su autor, queda resumido de la siguiente manera:

> [...] el antillano no se piensa como *negro*; se piensa antillano. El *negro* vive en África. Subjetivamente, intelectualmente, el antillano se comporta como un blanco. Pero es un negro. De esto se dará cuenta una vez llegue a Europa y, cuando se hable de *negros*, sabrá que se trata de él como del senegalés[151].

Fanon da cuenta de la frenética lucha de los negros por ser aceptados y reconocidos como parte de una sociedad blanca asociada a la civilización y modernidad, producto de la colonización. Bajo ese diagnóstico discute con la negritud y sus postulados, particularmente con la idea de una esencia negra, de una cultura negra preexistente y perenne que entregaría unidad a un pueblo negro, universalización a la que también se opondrá. Para Fanon, al igual que para Césaire, el racismo y la inferiorización de la que es víctima el negro es producto del colonialismo: es el colonizador blanco quien crea al negro subordinado. En razón de este postulado de base "no hay problema negro", según el psiquiatra, sino un problema sobre la condición humana, y por esa misma razón "no es el mundo negro el que me puede dictar la conducta. Mi piel negra no es depositaria de valores específicos"[152] porque, continúa Fanon, "la verdad es que la raza negra está dispersa, no posee unidad"[153], de modo que "no existe un negro, sino los negros"[154].

Para Fanon la solución a la fuerte asimilación cultural que el negro sufre y que no le permite reconocerse en su propia cultura (como la martiniqueña, por ejemplo) no podrá ser superada con la negritud, en el sentido que este llamado encarna el peligro de la idealización o enamoramiento de lo negro muy tendiente a un esencialismo encapsulante, que imposibilitaría el diálogo y sobre todo la aceptación de la diversidad, incluso entre los negros. Una negritud esencialista impediría avanzar hacia un humanismo sin razas, que es la verdadera meta del fin del colonialismo, donde la dominación del hombre por el hombre será extinguida.

---

[151] Fanon, Frantz. *Piel negra, máscaras blancas*. Madrid: Akal, 2009 (1952), p. 137.

[152] *Ibíd.*, p. 188.

[153] *Ibíd.*, p. 152.

[154] *Ibíd.*, p. 129.

En este punto es necesario establecer algunas precisiones, que en parte ya fueron adelantadas; y es que la negritud no tiene un sentido unívoco, alberga en su interior tendencias y apropiaciones diversas, de manera que cuando Fanon discute el esencialismo cultural que encierra la negritud, está dialogando más con Senghor que con Césaire: "Poco a poco [dice irónicamente Fanon], lanzando aquí y allá seudópodos, yo secretaba una raza. Y esta raza titubea bajo el peso de un elemento fundamental. ¿Cuál? ¡El ritmo! Escuchad a Senghor"[155]. En la valorización positiva que Senghor hace de la cultura negra asocia elementos distintivos como el ritmo o la emoción, que no solo se opondrían a lo blanco sino que además apoyarían en última instancia sus justificaciones colonialistas, y lo peor, según Fanon, es que tal concepción restringida de negritud terminaría por despojarlo, a él como negro, de toda identidad:

> Así, a mi irracional se oponía lo racional. A mi racional, el "verdadero racional". En todos los lances jugaba a perder. Experimentaba mi herencia. Hice un completo balance de mi enfermedad. Yo quería ser típicamente negro, ya no era posible. Quería ser blanco, mejor reír ante la idea. Y cuando intentaba, en el plano de la idea y de la actividad intelectual, reivindicar mi negritud, me la arrancaban[156].

Con Césaire y su idea de negritud existe una relación crítica pero que a la vez le concede el mérito de instalar un punto inicial en el camino hacia la desalienación. Fanon reconoce explícitamente el aporte de la negritud de Césaire cuando en *Piel negra…*, señala: "hasta 1940 ningún antillano era capaz de pensarse negro. Fue únicamente con la aparición de Aimé Césaire cuando se pudo ver nacer una reivindicación, una asunción de la negritud"[157]. En efecto, tres años más tarde, en 1955, Fanon publica un pequeño artículo en donde señala los cambios ocurridos en la sociedad martiniqueña entre 1939 y 1945, los años de la Segunda Guerra. En su análisis sostiene que durante ese breve tiempo se producen tres hechos que modifican la relación entre antillanos y africanos, pasando desde una superioridad de los primeros sobre los africanos y la certeza de una diferencia fundamental entre ambos, hasta el reconocimiento de los antillanos como negros y la necesidad de buscar en África sus orígenes. Esos hechos son: el nacimiento del proletariado en Martinica, la derrota francesa y los miles de franceses varados en la isla y, el hecho primero, Césaire. Fanon señala que Césaire volvió a la isla para decir que ser negro es bueno y hermoso, lo que le valió en primera instancia el apelativo de loco, pero luego, al hacerse sentir

---

[155] *Ibíd.*, p. 119.

[156] *Ibíd.*, p. 126.

[157] *Ibíd.*, p. 140.

el racismo con la guerra y los franceses estancados en la isla, el antillano dudó de sus valores y se vio obligado a defenderse; "sin Césaire, esto le habría sido difícil"[158], dice Fanon.

El psiquiatra reconoce en Césaire y su negritud un punto de quiebre con el *statu quo* colonial y asimilacionista al valorar positivamente al negro como un sujeto en la historia y con historia. Pero, por otro lado, para Fanon el problema de la negritud en Césaire es la idea de unidad, en tanto pueblo, de los negros de todo el mundo, es decir, la idea del "negro universal". Césaire habla de una "comunidad de la negritud" que se encuentra vinculada a través de una solidaridad universal –son todos colonizados– y otra vertical –todos herederos de la civilización africana–. Esta noción obnubilaría las diferencias que existen al interior del "pueblo negro", en cuanto a nacionalidades, clases sociales, pero también, y sobre todo, a memorias diversas. Aunque en Césaire es posible distinguir fenómenos históricos que han afectado de distintas maneras a los negros, Fanon logra precisar y mostrar más concretamente esas diferencias, sobre todo entre los negros que se quedaron en África y los que fueron trasplantados producto de la diáspora forzada. La negritud en tanto vuelta a África, si bien para antillanos y africanos era un llamado potente, para los primeros podía, y así sería, significar un no lugar, pues los africanos, según Fanon:

> […] reconocidos en su negrura, en su oscuridad, en lo que quince años antes era la culpa, negaron a los antillanos toda veleidad en ese dominio. Se descubrían al fin, dueños de la verdad, portadores seculares de una pureza inalterable. Devolvieron a los antillanos al otro lado, recordándoles que ellos no habían desertado, no habían traicionado, que habían penado, sufrido, luchado sobre la tierra africana[159].

Años más tarde, en 1976, la escritora guadalupeña Maryse Condé irrumpe en la escena intelectual caribeña con su primera novela, con tintes autobiográficos, titulada *Heremakhonon*, en la cual relata la historia de una maestra de Guadalupe que viviendo en Francia decide ir en un viaje de búsqueda identitaria a algún lugar de África. En medio de un contexto político y social complejo (la revolucionaria década de los años 1960 en el continente africano), la protagonista comprende la inestabilidad, tiranía, represiones y abusos del régimen que gobierna y del cual su amante, un "negro con ancestros", es parte. Desencantada por su frustrada relación y por el fracaso de su búsqueda identitaria, decide entonces volver a París. Esta novela, en una vinculación intertextual, dialoga

---

[158] Fanon, Frantz. "Antillanos y africanos". *Por la revolución africana*. México: FCE, 1975 (1964), p. 33.

[159] *Ibíd.*, p. 35.

por un lado con Césaire sobre la experiencia de la negritud como búsqueda de los orígenes y, por otro, con el libro más importante de Fanon *Los condenados de la tierra* (*Les damnés de la terre*, 1961, póstumo). En este texto el psiquiatra reflexiona sobre el África descolonizada, los obstáculos para alcanzar Estados nacionales estables y el rol de las burguesías nacionales, a las que identifica como el principal responsable de la inestabilidad política y social del continente. Herederas de un modo colonial de gobernar, estas facciones ostentosas han sido, según Fanon, incapaces de dirigir a sus pueblos ni de cumplir su vocación histórica de aventurera, arriesgada, industrial e inventiva. La nacionalización la han entendido solo como la transferencia a los autóctonos de los privilegios, cargos y espacios heredados de la etapa colonial. Por ello hay que combatirla, señala el autor, no solo porque amenaza el desarrollo global y armónico de la nación, sino porque no sirve para nada. A través de ella sigue operando la burguesía metropolitana y su economía[160].

Dando cuenta de esa situación extendida en África, Condé en su novela se refiere precisamente a un África indiferenciada. Verónica, su protagonista, no llega de cualquier lugar de Europa, llega de París; sin embargo parece llegar a cualquier lugar de África; ese país, esa ciudad nunca se nombra y con ello evidencia que la situación y conflicto del que Verónica es testigo no es particular, sino un estado generalizado en el continente. Fanon, al igual que Condé y Verónica, apostaban a que la descolonización de África vía revolución terminaría con las inequidades del sistema colonial, es decir, de los privilegios del blanco colonizador sobre el negro colonizado; sin embargo no contaban con el fin del "negro universal" y el término de la "comunidad de la negritud", es decir, con la traición del negro hacia su pueblo. En una entrevista Condé habla de su experiencia en África precisamente como un desencantamiento y la desmitificación de la idea de una cultura compartida por todos los negros:

> Al principio [dice ella] pensaba que la gente de color tenía una cultura común diferente de la de los franceses. Me parecía que todos los negros estaban vinculados por una comunidad de origen y de historia. Éramos básicamente un pueblo dividido por los estragos de la esclavitud. Descubrí una cosa importante en África: hablaba una lengua distinta de la del pueblo. Nuestra alimentación tampoco era la misma –esto puede parecerte trivial, pero es importante. Tampoco usábamos la misma ropa, ni disfrutábamos con la misma música, ni profesábamos una religión común. En unos pocos meses me sentí terriblemente aislada. Ni siquiera lograba comunicarme con mi primer marido, que era de

---

[160] Fanon, Frantz. *Los condenados de la tierra*, capítulo III: Desventuras de la conciencia nacional. México: FCE, 2001 (1961).

Guinea. Hice entonces un segundo descubrimiento: la raza no es el factor esencial, lo importante es la cultura[161].

Retomando a Fanon, la trayectoria intelectual de este autor se desplaza desde el análisis de los negros en situación colonial en las Antillas, particularmente de su isla Martinica, hacia África y Argelia en el contexto de las luchas por la descolonización; es en ese marco y referido a esas condiciones que escribe su obra más importante, *Los condenados de la tierra*. Sin embargo, y a pesar del distanciamiento con el Caribe, es considerado uno de sus más importantes intelectuales, pues nunca dejó de estar conectado con lo que allí ocurría[162], y uno de los intelectuales vinculados, de una u otra manera, a la negritud, puesto que no dejó de pensar las poblaciones negras en relación al hecho colonial y las vías de liberación. Además, su compromiso político llevado al campo de la acción revolucionaria ha significado que muchos lo identifiquen como parte de una negritud, pero militante, para diferenciarlo de los fundadores de la negritud más ligados a lo poético. En razón de esto último, más de algún analista de la negritud ha sostenido la existencia de una separación total entre Césaire y Fanon o, lo que es lo mismo, entre una negritud literaria y otra política, quedándose más bien en las formas de expresión, sin considerar que existe entre ambos un trasfondo común, un hecho compartido: el racismo hacia los negros, como cualquier otro racismo, es un hecho colonial. La diferencia entre ambos autores pasa, tal vez, por las vías de solución, revolucionaria la de Fanon y utópica la de Césaire, más que por la solución misma al sistema colonial y racial que en ambos es similar: se trata de alcanzar un nuevo ser humano representativo de un humanismo sin razas ni opresiones de ningún tipo.

Durante la década de los años 1960 comenzó a posicionarse una segunda generación de intelectuales que, siguiendo la senda de Fanon, han sido muy críticos con la negritud, aunque es posible observar en sus textos que Césaire y sus planteamientos siempre aparecen como puntos de referencia de la discusión identitaria del Caribe.

René Depestre, poeta, ensayista y militante comunista haitiano, ha dedicado parte de su obra a reflexionar en torno a la negritud, básicamente en el texto *Buenos días y adiós a la negritud* (*Bonjour et adieu à la négritude*), publicado en

---

161 Nunez, Elizabeth. "Maryse Condé: una gran señora de la literatura caribeña". 2000. *El correo de la UNESCO*. 17 de enero de 2010. Documento en línea disponible en http://www.unesco.org/courier/2000_11/sp/dires.htm

162 Un claro ejemplo es un artículo titulado "Las Antillas, ¿nacimiento de una nación?", publicado el 15 de enero de 1958, en el N°16 de la revista *El Moudjahid*, que tambén aparece en el texto *Por la revolución africana*, México: FCE, 1975 (1964), pp. 99-107.

1980, en donde repasa sus aportes y debilidades. Depestre reconoce en los autores de la negritud la capacidad de asociar históricamente los conceptos de raza y clase, y reconoce en la negritud una etapa necesaria en la "toma de conciencia" de los negros con respecto a su condición oprimida, etapa que, sin embargo, debe ser eliminada para alcanzar una "desalienación" total; en ese sentido, comprende la negritud como un momento ineludible, pero que requiere ser superado en el paso de una "conciencia en sí" a una "conciencia para sí". Al respecto, el autor sentencia:

> En efecto, la negritud aparece como el tiempo débil de una progresión dialéctica: la afirmación teórica y práctica de la supremacía del blanco es la tesis; la posición de la negritud como valor antitético es el momento de la negatividad. Pero este momento no es suficiente por sí mismo, y los negros que se sirven de él lo saben muy bien; ellos saben que él tiende a preparar la síntesis o la realización de lo humano en una sociedad sin razas. De modo que la negritud deberá destruirse: ella es paso y no resultado, medio y no fin último[163].

La lectura de Depestre en clave marxista no lo hace renegar de la negritud, pero sí asumirla como una etapa que debe ser superada. Es tal vez por esa razón que para este autor la discusión sobre el esencialismo de la negritud no es lo más importante, ya que se trata tan solo de un momento en el camino hacia la descolonización. Ahora bien, a pesar del reduccionismo a que la confina, entiende la negritud como una herramienta cultural y política de importancia:

> [...] la negritud [señala], en su mejor acepción, fue la operación cultural por la que los intelectuales de África y de las dos Américas tomaron conciencia de la validez, y de la originalidad de las culturas negroafricanas, del valor estético de la raza negra y de la capacidad respectiva de su pueblo para ejercer su derecho a la iniciativa histórica que la colonización había suprimido completamente[164].

El momento histórico en el que se encuentra Depestre está marcado por una ortodoxia marxista que en la época en que nace la negritud no era tan evidente; de hecho, Césaire, a pesar de declararse marxista y militar en el PC francés, fue siempre más heterodoxo. Es por ello que, al igual que con Fanon, es posible encontrar diferencias en los modos de solución, más que en la solución misma, ya que ambos –Césaire y Depestre– coinciden en que el fin al cual debe apuntar la negritud es hacia una sociedad sin razas.

---

163 Depestre. Ob. cit. 1986, p. 111.
164 *Ibíd.*, p. 39.

Quien también empezó por la época un importante trabajo intelectual es el martiniqueño Edouard Glissant. Dando menos concesiones a la negritud y a Césaire, y distanciándose de un pensamiento marxista clásico aunque no de su retórica, este escritor durante los años 1960 comienza a dar forma a una corriente de pensamiento que ya no está interesada en buscar un origen y mucho menos en mirar a otros continentes, sino en reflexionar sobre su identidad desde la diversidad interior de las Antillas. Es así como en su libro *El discurso antillano* (*Le discours antillais*, 1989), Glissant plantea la "poética de la relación" como un método para aprehender la realidad como una totalidad compleja en la que participan los seres humanos, las culturas, el ambiente, los animales, en fin, todo lo que nos rodea; desde esa perspectiva integral propone pensar la identidad de los antillanos vinculando todos los orígenes, todas las historias, todas las memorias que se encuentran en las islas.

Al plantear la diversidad y el interior o, si se quiere, la permanencia en un lugar como elementos claves para estudiar la identidad, Glissant toma distancia crítica no solo de la negritud sino que también de la experiencia de Césaire que tan importante fue para su concepción de la negritud. La "práctica del rodeo", como apunta Glissant, es el resultado de negatividades que impiden vincularse del todo con el lugar al que se pertenece y es un claro signo de alienación para el autor. Una de esas prácticas es la necesidad de "ir a otro lugar para tomar conciencia"[165], que es justamente lo que han hecho, según él, los intelectuales de la negritud:

> La asunción universal del sufrimiento negro en la teoría (o la poética) antillana de la Negritud representa también un aspecto sublimado del Rodeo. Para los pueblos mestizos de las Antillas menores, la necesidad histórica de reivindicar la "parte africana" de su ser –por tanto tiempo despreciada, reprimida, negada durante tanto tiempo por la ideología establecida– basta por sí sola para justificar el movimiento antillano de la Negritud. Sin embargo, esta reivindicación enseguida queda superada con la asunción que ya he mencionado, de manera tal que la obra de Aimé Césaire acerca de la Negritud se encuentra con el movimiento de liberación de las culturas africanas, y que su *Cuaderno de un retorno al país natal* se ha vuelto pronto más popular en Senegal que en las Antillas. Singular destino. Ahí está el Rodeo: superación ideal, relación por arriba. Entendemos que si bien Césaire resulta el martiniqueño más conocido, sin embargo, su obra es más leída en África [aunque] el ejemplo más significativo de Rodeo sigue siendo el de Frantz Fanon.

---

[165] Glissant, Edouard. *El discurso antillano*. Venezuela: Monte Ávila Editores Latinoamericana, 2002, p. 53.

> Inmenso y entusiasmante Rodeo […] Suelen pasar años sin que se le cite (no digo su obra sino él mismo) en la prensa de Martinica, política o culturalmente, revolucionaria o de izquierda. Una avenida de Fort-de-France lleva su nombre. Eso es todo, o casi[166].

Para Glissant no solo es necesaria la vivencia, la experiencia, sino inmiscuirse en el lugar al que se pertenece; en este autor la determinación geográfica es fundamental para una identidad que culturalmente se compone de diversos aportes. Césaire y Fanon abandonaron esa interioridad, la particularidad, de modo que sus reflexiones, poéticas o médicas, sin ser abstracciones, son generalizaciones que siguen un contorno histórico que supera ampliamente a las Antillas. Su propuesta, por lo tanto, más que el grito de la negritud es el retorno al lugar.

Similar al reclamo de Depestre pero no desde un anclaje marxista, la negritud ya no resulta atingente al momento histórico; debe ser superada, pero no necesariamente para alcanzar una síntesis; por el contrario, en Glissant hay que rebasar la negritud porque esta enclaustra una identidad antillana que es diversa (están también los indios, chinos, javaneses, entre otros, además de los negroafricanos) y porque no remite a un contexto en particular. Ahora bien, se cometería una injusticia si a Césaire se lo tratara únicamente como universalista, pues él se pronuncia sobre la relación particularismo versus universalismo, por ejemplo en la Carta de renuncia al PC francés, señalando la necesidad de buscar un equilibrio entre ambas y del peligro de caer en uno u otro extremo:

> No me entierro en un particularismo estrecho. Pero tampoco quiero perderme en un universalismo descarnado. Hay dos maneras de perderse: por segregación amurallada en lo particular o por disolución en lo "universal". Mi concepción de lo universal es la de un universal depositario de todo lo particular, depositario de todos los particulares, profundización y coexistencia de todos los particulares[167].

Si bien desde la perspectiva de un observador externo la negritud y la propuesta de Glissant son posibles de entender en un *continuum* que los tiende a vincular más que a separar (ambos se refieren a una identidad oprimida), existe entre ellos una diferencia en torno al objetivo, a la meta por alcanzar: mientras Césaire apunta sus planteamientos a la construcción de un nuevo humanismo, en Glissant el proyecto es más local, pues su interés radica en un particular proceso identitario, el antillano.

---

[166] *Ibíd.*, pp. 54-55.

[167] Césaire. "Carta a Maurice Thorez" (1956). Ob. cit., 2006, p. 84.

Seguidores de las ideas de Glissant y en cierta medida deudores de las reflexiones de Depestre, en 1989 tres martiniqueños, Jean Bernabé, lingüista y Patrick Chamoiseau y Raphaël Confiant, ambos escritores, publicaron el texto *Nos proclamamos creoles* (*Éloge de la créolité*). A modo de manifiesto fundador, ellos hacen una proclamación cultural e identitaria en la que señalan no ser ni europeos, ni africanos ni asiáticos, sino todo ello como parte de una argamasa cultural que cimienta su antillanidad y que toma expresión a través del concepto de *creólité*. Este libro es heredero de un proceso que comenzó en los años 1970 cuando algunos escritores dieron particular dedicación y espacio a la creación de novelas en *créole* y luego a investigaciones en torno a esta lengua de contacto formada por la lengua francesa y las diversas lenguas africanas que coincidieron en Martinica. Pronto fueron revistas, diccionarios e incluso programas de magíster y doctorado los que llegaron a completar este interés por la lengua criolla, que más tarde rebasó sus propios límites y comenzó a entenderse no como una lengua mestiza sino como toda una cultura formada a través del proceso que estos tres autores denominan creolización o la *créolité*.

Bajo esta perspectiva, Glissant aparece como su inspirador al ser el primero en señalar la diversidad que encierra la identidad de los martiniqueños y de los antillanos en general, y que no se reduce únicamente al componente negroafricano. Es por esta misma razón que coinciden con Depestre en el hecho de la negritud como un "inevitable momento dialéctico. Camino indispensable"[168] en términos teóricos y vivenciales para llegar a apreciar todos los componentes de una identidad oprimida. Ahora bien, y a diferencia de Glissant, Bernabé, Chamoiseau y Confiant, sí reconocen en la negritud de Césaire un punto de partida necesario en el proceso de creolización:

> A un mundo por completo racista, automutilado por las cirugías coloniales, Aimé Césaire le restituyó el África madre, el África matriz, la civilización negra. Denunció al país las dominaciones, y su escritura, comprometida, que se orientaba por las modas de la guerra, asestó severos golpes a los lastres posesclavistas. La negritud cesairiana engendró la adecuación de la sociedad *créole* a una más justa conciencia de sí misma[169].

Esta perspectiva histórica aplicada a la negritud los reconcilia con Césaire ante una de las más encarnizadas críticas que opositores de la negritud y más tarde algunos *creolistas* harán a Césaire respecto a su opción por no escribir sus obras en *créole*. En efecto, toda la bibliografía de Césaire está escrita en francés, hecho que tiene al menos tres interpretaciones: una que no ve en ese acto ninguna

---

[168] Bernabé, Jean, Patrick Chamoiseau y Raphäel Confiant. "Nos proclamamos 'créoles'". Laura López Morales. Ob. cit., p. 53.

[169] *Ibíd.*, p. 51.

contradicción; su entera educación fue en francés y por lo demás sus críticas no están dirigidas en contra de Europa o su cultura, sino al eurocentrismo colonizador. Esta idea es la que está más presente en sus ensayos y también en entrevistas, donde ha señalado cómo el surrealismo dentro del francés fue una herramienta crítica y útil para la negritud, como ya se ha mostrado. Otra interpretación asume que su escritura en francés es un acto de rebeldía, de "calibanidad" combatiente, ya que se trataría de la adquisición de una identidad por apropiación y posterior inversión del lenguaje del amo; eso es, por ejemplo, lo que sostiene Depestre. Y, por último, la interpretación que entiende esta opción como una muestra de la penetración de la asimilación cultural que ha propugnado Francia y por extensión los colonizadores, que es el argumento de los *creolistas*, para quienes Césaire rechazó el *créole* en vez de reivindicarlo.

Para ellos, lo que más bien ha ocurrido es una negación entendida como un hecho político de rechazo a lo propio, a lo específico, en pro de continuar una vinculación con Francia; es por esto que también son adversarios políticos del Partido Progresista Martiniqués que fundó Césaire, el que, según ellos, estando en el poder no ha hecho lo suficiente para lograr la independencia de Francia[170]. Bernabé, Chamoiseau y Confiant, sin embargo, sostienen que a pesar de la fuerte influencia africana en su pensamiento y francesa en su escritura, Césaire fue menos impermeable de lo que se cree a las "emanaciones *créoles*":

> Césaire, ¿un anti-*créole*? [se preguntan los autores del *Éloge…*] En absoluto, más bien un *ante-créole*. Fue la negritud cesairiana la que nos abrió el paso hacia el aquí de una antillanidad postulable a partir de ese momento y, a su vez, en camino hacia otro grado de autenticidad que quedaba por nombrar[171].

Si la negritud es entonces un punto de partida, un momento necesario bajo la perspectiva de estos autores, como también de Glissant, se trata en consecuencia de una parte de algo más, de un proyecto mayor; la negritud forma parte de la antillanidad o de la creolidad y no al revés:

> […] ni la *Poética de la relación* elaborada por Glissant ni la *créolité* [señala Raphaël Confiant] son departamentos de la negritud, sino más bien a la inversa. Es la negritud, al contrario, una provincia de la *créolité*, una provincia rica, sólida, inexpugnable gracias a la obra de Aimé Césaire[172].

---

[170] Ver al respecto: Taylor, Lucien. "Créolité Bites. A conversation with Patrick Chamoiseau, Raphaël Confiant, and Jean Bernabé". *Transition*. N° 74, 1995, pp. 124-161.

[171] *Ibíd.*, p. 52.

[172] Confiant, Raphaël. *Aimé Césaire. Une traversée paradoxale du siécle*. Paris: Ecriture, 2006 (1993), p. 284. Traducción de la autora.

Es por esta razón que Confiant, en un acto de reconocimiento, sostiene que más que despedir a la negritud, como lo postuló Depestre, es mejor decir "buenos días y para siempre, querida negritud"[173].

No obstante, los elogios de Confiant están cruzados por una fuerte crítica a la exaltación de la negritud y sobre todo al pedestal infranqueable en el que se sostenía a Césaire, cuando en 1993 publica *Aimé Césaire. Une traversée paradoxal du siécle*. Sus críticas, más que a la acción poética, son hacia el rol político de Césaire y, actuando como un *creolista* acérrimo, ataca sin piedad su ineficacia política en el camino hacia la independencia. Pero, como a todos los autores revisados, a Confiant le resulta imposible deshacerse por completo del precursor de la negritud, declarándose un cesaireano patentado:

> [...] es decir, personas que lo han leído, releído, dando vueltas a su obra poética y dramatúrgica y que reconocen la importancia crucial de esto en la toma de conciencia identitaria martiniqueña. Esa es la razón por la cual los autores del *Éloge* han escrito: "somos todos por siempre hijos de Césaire"[174].

Los caminos de la negritud cesairiana en el Caribe muestran cómo se ha instalado una discusión sobre la identidad que incluso traspasa las fronteras del Caribe francófono; tanto la negritud como la idea de antillanidad han repercutido en toda la zona Caribe, dialogando cada vez más y extendiéndose su influencia hasta nuestros días. Desde los años 1980 en adelante ha surgido una literatura caribeña que tiene varios puntos en común con aquella surgida a principios de siglo XX y en la cual se insertan las expresiones literarias de la negritud, pues se trata de creaciones surgidas en la diáspora en cuyas obras aparece una afirmación positiva de la identidad afroamericana y críticas a los procesos colonialistas que aún afectan a los países del Caribe. No obstante las similitudes, se trata de un contexto completamente diferente: hoy las migraciones tienen como nuevo horizonte a Estados Unidos, son mujeres las que se trasladan frecuentemente y ya no para estudiar, sino para trabajar, de modo que las migraciones finiseculares no están asociadas con el surgimiento de una elite o facción intelectual que retorna muchas veces para tomar la dirección de sus países, sino con la precariedad de un grupo que migra por paupérrimas condiciones económicas o persecuciones políticas en su país de origen, que no logra insertarse del todo en el país receptor y que en muchas ocasiones se mantiene culturalmente aislado[175].

---

173 *Ibíd.*, p. 285.

174 *Ibídem*, p. 281. Traducción de la autora.

175 Stecher. Ob. cit.

Edwidge Danticat, de Haití, Jamaica Kincaid, de Antigua y, en cierta medida, la ya mencionada Maryse Condé, son escritoras de renombre que han vivido ese proceso migratorio, dando cuenta de él en sus trabajos literarios. La experiencia diaspórica, las remembranzas del colonialismo y la esclavitud, y la reconstrucción de la memoria –tanto de la histórica perdida por la colonización como de la personal perdida por la migración– son puntos en común con la literatura poética de Césaire y con las reflexiones de Fanon, claro que su perspectiva femenina entrega otra visión de estos procesos, incorporando otras temáticas. El aborto o la infertilidad, por ejemplo, es un elemento recurrente en sus novelas que puede ser interpretado como una reminiscencia de la época de la esclavitud y el deseo de no replicar la condición subordinada para sus descendientes, a la vez que cuestiona el exotizante rol de la mujer negra en el imaginario social construido por el colonialismo. En *Autobiografía de mi madre* (*Autobiography of My Mother*, 1996) de Kincaid, *Palabras, ojos, memoria* (*Breath, Eyes, Memory*, 1994) de Danticat y en *Heremakhonon* (1976) este tema aparece transversalmente.

Otra temática en común es el trabajo ficcional basado en hechos reales, que representa una recuperación de la memoria histórica y que tiene en común a mujeres negras como protagonistas. *Tituba, la bruja negra de Salem* (*Tituba, Black Witch of Salem*, 1988) de Condé, y *Cosecha de huesos* (*Farming of Bones*, 1998) de Danticat, nos trasladan a un pasado remoto, el siglo XVII en Estados Unidos en el primer caso y a comienzos del siglo XX en Haití en el segundo, en el que la esclavitud, el colonialismo y los prejuicios de raza son el trasfondo de enjuiciamientos, torturas y castigos que buscaban anular identidades, además de suprimir cualquier memoria posible para los negros esclavizados e inferiorizados.

Por otro lado e incorporando temáticas actuales, *Mi hermano* (*My Brother*, 1997) o *Un pequeño lugar* (*A Small Place*, 1988) de Kincaid, y *Brother I'm Dying* (2007) de Danticat son novelas que se sitúan en un Caribe poscolonial, vinculado más a Estados Unidos y que plantean las problemáticas asociadas a los negros en ese contexto. La pobreza, la ausencia de modernización, las enfermedades, el aislamiento, el turismo, la dependencia económica y la discriminación racial son temas que cruzan a estas novelas y que parecen, a la luz del tiempo, tan anticipadas en el *Cuaderno de un retorno al país natal* de Césaire, en tanto que las novelas de Kincaid parecen imposibilitadas de escapar a un vínculo intertextual con Fanon y sus reflexiones de *Los condenados de la tierra*. Si bien es cierto que la negritud ya no es la tendencia o corriente más actual y legitimada, es posible sostener que en esta literatura caribeña existe una actualización de su problemática, sin esclavitud, sin colonialismo clásico, pero con nuevas opresiones acordes a los nuevos tiempos.

La trayectoria de la negritud aquí desarrollada permite plantear, en síntesis, que más que un movimiento social en sí mismo, tendencia literaria o acción política, la negritud es un discurso identitario que tiene el mérito de haberse instalado en medio de un contexto colonial, de opresión, en el que los negros no tenían voz ni voto. La negritud revolucionó esa condición para el caso antillano francés y contribuyó a que los negros oprimidos en todo el mundo a principios del siglo XX, se constituyeran como los sujetos de su propia historia. Una lucha que sin duda no ha cesado.

CAPÍTULO 4

El Indianismo

El movimiento indígena andino

Durante la última década del siglo XX y la primera del siglo XXI hemos presenciado una serie de eventos, históricos en muchos casos, que involucran a los grupos indígenas de América Latina, y en particular a los de la región andina, como por ejemplo la elección el año 2005 del dirigente indígena cocalero Evo Morales como Presidente de la República de Bolivia y su reelección en 2009; la lucha de los indígenas por nacionalizar recursos naturales como los hidrocarburos en Bolivia el año 2004; el derrocamiento del gobierno de Jamil Mahuad en Ecuador el año 2000 por la CONAIE; la irrupción del Ejército Zapatista de Liberación Nacional en Chiapas, México, el año 1994; la conmemoración de los 500 años de la llegada de los españoles a América en 1992; la marcha por la Tierra y el Territorio en Bolivia y el Levantamiento Indígena en Ecuador, ambas el año 1990. Estos hitos dan cuenta de un amplio y organizado movimiento que tiene como principales protagonistas a los grupos indígenas del continente, lo que se ha denominado movimiento indígena.

Generando demandas específicas, acción colectiva, formulaciones político partidarias, manifiestos ideológicos, propuestas económicas, legales y culturales de intervención social, plataformas supranacionales y diversos canales de información –radial, virtual o prensa– dirigidos y elaborados por sujetos que se reconocen como parte de algunos de los pueblos originarios, los indígenas han conformado un movimiento social que está en pleno desarrollo, logrando poner sobre las diversas plataformas de la opinión pública sus requerimientos.

Desde una perspectiva ampliada, el movimiento indígena puede ser abordado como parte de la proliferación mundial de múltiples identidades –de género, sexuales, etárias, ecológicas, nacionales, etc.– en torno a las cuales se despliegan movimientos organizados. El surgimiento de estas identidades tendría su origen en una doble dinámica: el progresivo avance de procesos globalizantes de tendencia homogenizadora y el desplazamiento de la teoría de clases como marco explicativo de los actuales procesos sociales.

Los procesos globalizantes aluden a crecientes y cada vez más rápidos "interrelacionamientos a escala planetaria entre actores sociales"[176] diversos, es decir, a un proceso que no se agota en lo económico, sino que también supone modificaciones a nivel político y cultural. El sociólogo chileno Manuel Antonio Garretón señala que el "estallido identitario" se relaciona con las diversas dimensiones de la globalización que, en términos económicos, se refiere a la interpenetración creciente de los mercados productivos, comerciales y financieros que atraviesan las fronteras de los Estados nacionales. Esto tiene una repercusión en el plano político, pues implica un debilitamiento de los Estados nacionales, ya que supone la existencia de instituciones políticas y económicas de orden global que lo sobrepasan en funciones. Pero no solo eso: las redes de información y comunicación también se han ampliado a nivel global, generando un estrechamiento del tiempo y del espacio que excede las fronteras nacionales. De este modo, el fenómeno de la globalización involucra una ampliación de los efectos de las actividades económicas y políticas a lugares remotos, reordenando el espacio y tiempo en la vida social, de manera que intensifica los niveles de interacción e interconexión entre Estados, naciones y sujetos[177], afectando diversos niveles sociales y espacios culturales. Estos crecientes interrelacionamientos tendrían asociado un movimiento que desagrega en un nivel, como el nacional, y reagrupa en otros que tienen la característica de ser homogenizantes, por ejemplo, la promoción de determinados modos de vida que ya no remiten a un contexto geográfico y cultural determinado.

Por otro lado, al caer el muro de Berlín en 1989 y disolverse la Unión Soviética en 1991 el mundo sufrió un desmoronamiento ideológico en el que se pierden referentes, como el socialismo, para dar una respuesta adecuada a las nuevas y no tan nuevas problemáticas. El conflicto de clases se torna insuficiente como base teórica y el pensamiento de izquierda ve mellada su legitimación como el principal recurso ideológico de los movimientos sociales.

Ambos procesos mencionados han puesto en cuestión a la modernidad como proyecto –que habría mantenido al margen a estas identidades en erupción; a las instituciones modernas como el Estado nacional, pues ya no serían estas las principales referentes de pertenencia; y a la construcción moderna de identidad –pues se trata de una categoría que entregaría una pertenencia unificada y coherente en contraposición a estas identidades fragmentadas.

Ahora bien, en el caso específico del movimiento indígena en la región andina, y también en el continente, es posible observar, por un lado, que los procesos

---

[176] Mato, Daniel (comp.). *Políticas de identidades y diferencias sociales en tiempos de globalización.* Venezuela: Editorial Nueva Sociedad, 2003, p. 14.

[177] Garretón, Manuel Antonio. *La sociedad en que vivi(re)mos. Introducción sociológica al cambio de siglo.* Santiago de Chile: Editorial LOM, 2000, pp. 26- 30.

globalizantes han jugado a favor de ellos, ya que las tecnologías y los medios de comunicación al masificarse y expandirse mundialmente han permitido establecer una plataforma de intercambio que le ha dado mayor fuerza al movimiento; mientras que el desplazamiento y deslegitimación del socialismo y la teoría de la lucha de clases les ha permitido cubrir ese vacío teórico con un pensamiento propio "aprovechando esta oportunidad para asentar sus principios y estrategias de lucha"[178]. Para el movimiento indígena andino esto último ha sido particularmente provechoso ya que, como se vio en el Capítulo 2, durante gran parte del siglo XX la tendencia fue a la campesinización, que si bien los consideró en ciertas políticas redistributivas y de integración, lo hizo en tanto clase, mas no como indígenas.

Pero, por otro lado, el surgimiento del movimiento indígena andino no está directamente relacionado con la imposición de procesos homogenizantes asociados a la globalización, que son los que surgen a fines del siglo XX. El movimiento indígena andino no es únicamente una respuesta a los procesos globalizantes antes descritos, sino que más bien a tendencias integradoras anteriores, igualmente homogenizantes, que durante gran parte del siglo XX se pusieron en práctica sobre estos grupos; ciudadanía, campesinización y el sindicalismo son claros ejemplos de ello. Además, si bien en sus requerimientos hay demandas por mantener un estilo de vida que respete sus tradiciones e identidades como pueblos, estas no están argumentadas en los procesos finiseculares, sino que, al contrario, en los de colonización y colonialismo que se inician en 1492 y que se reconfiguran durante la instalación de los Estados nacionales.

El diagnóstico hecho por los diversos grupos que conforman el movimiento indígena de la región andina y sus portavoces coincide en que sus problemas de pobreza, marginación, discriminación y todo lo que ello conlleva, tiene fecha de inicio con la llegada de los europeos a América, marcando el comienzo no de un descubrimiento sino de un sistema de dominación. Al respecto, el historiador aymara boliviano Carlos Mamani Condori señala que "en la narrativa colonial, la invasión ha sido denominada por la leyenda rosa como 'encuentro' y 'conquista'"[179], reconstruyendo una historia "desde la óptica del invasor y [que] ha servido para eternizar una relación de dominio"[180]. Desde entonces, según los grupos indígenas, se ha desencadenado un proceso creciente de exclusión que no terminó con la instauración de Estados nacionales, sino que por el contrario,

---

[178] Naveda Félix, Igidio. "Reconstitución de pueblos indígenas en la región andina". Claudia Zapata (comp.). *Intelectuales indígenas piensan América Latina*. Quito: Universidad Andina Simón Bolívar/ Ediciones Abya- Yala/ Centro de Estudios Culturales Latinoamericanos, Universidad de Chile, 2007, p. 313.

[179] Mamani Condori, Carlos. "Memoria y reconstitución". Zapata. Ob. cit., 2007, p. 292.

[180] *Ibídem.*

este proceso se ha intensificado en el periodo republicano. Para el caso boliviano, Mamani sostiene:

> Con la Independencia [...] comenzó una nueva era de colonización, que buscó el despojo y la apropiación de los territorios indígenas, ensayando para ello una serie de figuras legales, de las cuales la más significativa fue sin duda el calificativo de 'enfiteutas' a los indígenas, vale decir, poseedores de tierras pertenecientes al Estado, como el paso previo para el establecimiento definitivo de la propiedad blanca y el colonato indígena[181].

El común acuerdo de los diversos grupos que conforman el movimiento indígena andino, y en general el de América Latina, sobre la continua condición de subordinación, se ha transformado en su principal denuncia y argumento de sus demandas, razón por la cual sus reivindicaciones están ligadas a la subversión de dicha condición en diferentes ámbitos. Uno de ellos, simbólico pero muy importante, es la reapropiación de la categoría de indígenas. La conformación del movimiento indígena en América Latina, según el intelectual chileno José Bengoa, está ligada a un proceso de reapropiación cultural e identitaria de importancia[182] en la que se afirma el carácter étnico por sobre cualquier otro aspecto. La centralidad que adquiere el reconocimiento de la condición indígena en el movimiento social es relevante no solo porque esa identidad se antepone a todo tipo de demandas o luchas, sino porque se apropian de una categoría racial colonial que los subsumió en una categoría generalizadora –la de indios– negándoles su identidad precolombina, como mapuche, quechua, aymara, quiché, entre muchas otras. La autodenominación de indígenas constituye una acción política, ideológica y sobre todo histórica, que supone la inversión valorativa de esa categoría colonial.

Más allá del plano simbólico, sus reivindicaciones también apuntan a una real descolonización en otros ámbitos. La reapropiación de su pasado, por ejemplo, está relacionada con la revisión de la historia de América Latina contada desde los sectores en el poder, lo que les permite además realizar una reapropiación cultural e identitaria que estiman negada. Por otro lado, existen reivindicaciones económicas en torno al territorio y los recursos naturales, que en algunos casos buscan obtener el reconocimiento legal cuando estos ya se tienen, mientras que en otros casos lo que se procura es su recuperación. Desde el ámbito político existen peticiones que van desde participación política efectiva –posición que

---

[181] *Ibíd.*, p. 296.

[182] Bengoa, José. "Culturas Indígenas: de la invisibilidad a la visibilidad". Bárbara Negrón y Eduardo Carrasco (edits.). *La Cultura durante el periodo de la transición a la Democracia, 1990-2005*. Santiago de Chile: Ediciones Consejo de la Cultura, 2006.

reconoce a los Estados nacionales– hasta la restitución de un poder propio y autónomo –posición opuesta que impugna la legitimidad nacional estatal. Si bien existen particularidades específicas de unos grupos, hay en sus demandas un trasfondo común de inclusión desde lo indígena, lo que enmarca al movimiento en el proceso mundial de estallido de identidades, pero profundamente ligado al proceso histórico latinoamericano de colonización y colonialismo. Esa es su especificidad y lo que los diferencia de otros movimientos identitarios.

Esto queda definido en la Segunda Reunión de Barbados, hito histórico relevante para el movimiento indígena, realizada en 1977. Ahora bien, es necesario hacer algunas precisiones sobre la temporalidad del movimiento, pues si bien más arriba se señalaron los últimos veinte años como claves en la conformación de este, lo cierto es que su alcance es mucho mayor; Bengoa plantea, por ejemplo, que el movimiento ya en los años 1980 comienza a configurarse como tal. Sin embargo, es a fines de los años 1960 y durante la década siguiente donde ya es posible hablar de un movimiento indígena en desarrollo.

La recién mencionada Reunión, realizada a nivel continental, era la segunda en su tipo. En 1971, como vimos en el Capítulo 2, fue la primera e inaugural que sentó un precedente importante al señalar los derechos al autogobierno, desarrollo y defensa de los indígenas, que en esta segunda oportunidad ratifican agregando además la necesidad de una unidad pan-indígena latinoamericana, la solidaridad con otros grupos oprimidos y la liberación de sus poblaciones realizada por ellas mismas, porque "cuando elementos ajenos a ellas pretenden representarlas o tomar la dirección de su lucha de liberación, se crea una forma de colonialismo que expropia a las poblaciones indígenas su derecho inalienable a ser protagonistas de su propia lucha"[183]. El autorreconocimiento como grupos aún colonizados en ese momento significó una denuncia inédita en muchos sentidos, pues ser oprimidos en un contexto de Estados nacionales independientes implicaba imputar responsabilidades contemporáneas a los grupos que han manejado el poder político, como también responsabilizar a los cuadros intelectuales que desde un ámbito de poder como el académico los habían dejado fuera del curso de las historias nacionales, que concordaban en definir el fin del colonialismo en el siglo XIX.

Pero esta Segunda Reunión no solo fue revisionista, también tuvo propuestas para determinar el camino a seguir. En sus diversas Declaraciones[184] se establecen estrategias en donde la organización política propia y la elaboración de una ideología consistente fueron puntos coincidentes, además de plantear "abiertamente la necesidad de contar con cuadros intelectuales capaces de construir un

---

[183] VV. AA. Ob. cit., p. 11.

[184] Me refiero tanto a la Declaración de Barbados II como al texto *Recolonización de América del Sur* que se encuentran en VV.AA., ob. cit.

discurso desde los indios"[185] que pusiera fin a todo tipo de mediaciones, como el indigenismo integracionista y los partidos de izquierda.

En el transcurso de este proceso organizativo de los indígenas emerge una figura que, si bien no es inédita, asume características diferentes pero de vital importancia para el movimiento; me refiero a los denominados intelectuales indígenas. Recientes son los análisis y discusiones académicas que utilizan el concepto de intelectual cuando de indígenas se trata; por lo general, se les denomina ideólogos, pensadores, dirigentes, pero nunca, o escasamente, intelectuales. Sin embargo, el movimiento indígena ha tenido un avance ideológico y político que en gran medida se debe al aporte de sujetos indígenas que han logrado una posición en el sistema formal y legitimado, espacio desde el cual construyen una posición enunciativa que reconoce la subordinación de sus colectivos, a la vez que reivindican una identidad cultural, teniendo en la escritura su principal soporte de difusión.

Tal como advierte la historiadora chilena Claudia Zapata, el intelectual indígena, como especialista en un determinado tipo de conocimiento, siempre ha existido –la figura del amauta en las culturas indígenas andinas, por ejemplo; no obstante, es posible diferenciarlo del contemporáneo ya que este último se trata de un nuevo actor que emerge a la luz de un proceso histórico de integración que se da durante gran parte del siglo XX. Según la antropóloga norteamericana Joanne Rappaport[186], han sido la condición de urbanidad, el movimiento sindicalista y el acceso a la educación elementos fundamentales en la formación de los intelectuales indígenas andinos; una formación realizada, según Zapata en:

> […] las instituciones validadas por la sociedad occidental y que se desenvuelve en ellas desde un lugar de enunciación que política y culturalmente es identificado como indígena, característica fundamental para diferenciarlo de otros intelectuales de procedencia indígena que no han politizado ese origen[187].

Como concepto permite identificar a un interlocutor que tiene un "anclaje cultural y político que distingue su trabajo"[188] y desde el cual él mismo se sitúa; no se trata por tanto de un concepto segregacionista como algunos podrían reclamar,

---

[185] Zapata, Claudia. "Los intelectuales indígenas y la representación". *Revista de Historia Indígena*. N° 9. Facultad de Filosofía y Humanidades, Universidad de Chile, 2005-2006, p. 59.

[186] Rappaport, Joanne. "Intelectuales públicos indígenas en América Latina: una aproximación comparativa". *Revista Iberoamericana*. LXXIII. N° 220, jul- sep, 2007, pp. 615-630.

[187] Zapata, Claudia. "Introducción". Zapata. Ob. cit., 2007, pp. 11-12.

[188] *Ibíd.*, p. 25.

sino de un rótulo que reconoce un compromiso político, de ahí que no todos los indígenas dedicados a esta actividad puedan ser catalogados como tales.

Según Zapata, es posible identificar al menos dos tipos de intelectuales: uno crítico y otro dirigente. El primero alude a un intelectual más ligado al ámbito del conocimiento, particularmente disciplinario, que teoriza sobre su condición indígena y cuyos postulados pueden o no ser considerados en las organizaciones. El segundo se refiere a un intelectual más político y vinculado a las organizaciones del movimiento, generalmente líder y por lo tanto influyente ideológicamente. Igidio Naveda[189], quechua peruano, ha identificado un tipo de intelectual intermedio, que tiene una formación disciplinaria –sobre todo profesores, sociólogos y abogados– en un espacio académico, y que a su vez está muy vinculado al seno del movimiento.

En el caso del movimiento indígena de la zona andina, y como ya se mencionó, el sindicalismo y las corrientes de izquierda jugaron un rol fundamental en el proceso de incorporación de los indígenas a los espacios de la sociedad general. Además, actuaron como detonadores de este movimiento, que justamente critica el rol de sindicatos y partidos de izquierda en la invisibilización de los indígenas. En el caso de la formación de intelectuales, el sindicalismo y las ideas de izquierda, a pesar de las críticas, constituyeron un espacio de aprendizaje de importancia que actuó como un capital social que luego fue utilizado para los propósitos del movimiento mismo y que sin duda aún influyen en él.

Ahora bien, es en este proceso de conformación del movimiento indígena y del trabajo de estos intelectuales que surge el indianismo. Como concepto y dada la importancia del movimiento indígena contemporáneo, el indianismo se cierra cada vez más como categoría representativa de un pensamiento propiamente indígena[190]. No obstante, eso no quiere decir que como tal no presente divergencias, pues para algunos autores será más propio hablar de un pensamiento político[191], mientras otros enfatizan una filosofía india e incluso una ideología racista.

Para profundizar en lo que implica el indianismo, un punto de partida es considerar que se trata de un concepto opuesto al de indigenismo, pues se articula en oposición a este, sobre todo en el plano político. El indigenismo, según el antropólogo mexicano Guillermo Bonfil Batalla, es un concepto que alude a un movimiento latinoamericano que desde 1940 –con el Primer Congreso

---

[189] Naveda Félix, Igidio. "Reconstitución de pueblos indígenas en la región andina". Zapata. Ob. cit., 2007.

[190] Sin embargo, en literatura, por ejemplo, el indianismo remite a las obras, generalmente de tendencia romántica, en las que aparece representado el indígena en épocas coloniales como un elemento decorativo o como una figura pintoresca, desvinculada de problemáticas sociales, culturales o políticas.

[191] Guillermo Bonfil Batalla conceptualiza como indianidad al pensamiento político indio.

Indigenista Interamericano, realizado en Pátzcuaro, México– definió y justificó políticas estatales destinadas a las poblaciones indígenas con el fin de incorporarlas a la sociedad nacional de cada país[192]. "Como cuerpo doctrinario, el indigenismo latinoamericano reconoce la existencia del pluralismo étnico y la necesidad consecuente de políticas especiales para los pueblos indígenas"[193], recalca Bonfil, pero insiste en que el reconocimiento de la existencia de diversos grupos indígenas no implicó dar cabida a sus reivindicaciones ni encontrar una solución a sus demandas, lo que en clave racial significó que fueron políticas elaboradas por blancos o mestizos sobre los indios, pero sin su participación. El indigenismo, en su afán protector, no actuó solamente desde el Estado, sino que también desde otros poderes, como la iglesia, los partidos políticos de izquierda, la academia y los medios de comunicación.

El indianismo, en tanto, es una conceptualización que se contrapone al indigenismo porque además de considerar la existencia de pueblos indígenas, entrega espacio para sus reivindicaciones y porque remite al hecho de que estas sean elaboradas y enunciadas por los propios indígenas, sin mediación alguna. La particularidad del indianismo es que su punto de partida es el reconocimiento de una identidad india y de la capacidad de acción que tienen los diversos pueblos indígenas. Esto tiene una doble relevancia ya que por un lado, y como más arriba se señaló, se apropian de un concepto colonial, racista y homogenizante para darle una connotación identitaria positiva, que no se traduce en el concepto de indígena, sino que de indios, así y en plural; al menos durante los primeros años, ya que más adelante es el término indígena el que se tornará más relevante. Mientras que, por otro lado, se asumen como sujetos de la historia y no como meros objetos que solo tienen capacidad de reacción, apropiándose de la dialéctica de la dominación entre un sujeto colonizador y otro colonizado, proceso en el que ambos se construyen mutuamente. Dicho de otro modo, el indianismo expresa la condición histórica de opresión de los indios, la capacidad de denuncia de esa situación y la búsqueda de solución o subversión de esa condición.

Teniendo como base lo anteriormente apuntado, es posible identificar al menos cinco elementos que caracterizan este pensamiento[194]:

---

[192] Sin embargo, el indigenismo como idea comenzó a gestarse en los años veinte, muy asociado a los postulados de Manuel Gamio y otros intelectuales posrevolución mexicana. Y en el plano literario es aún anterior, desde principios de siglo, con algunas de las obras de Manuel González Prada.

[193] Bonfil Batalla, Guillermo. *Utopía y revolución: el pensamiento político de los indios en América Latina.* México: Editorial Nueva Imagen, 1981, p. 14.

[194] Estos elementos y otros más específicos del indianismo se pueden encontrar en el texto recién citado de Guillermo Bonfil Batalla.

- La recuperación histórica como un imperativo político. El indianismo parte del reconocimiento de una situación de opresión que ha sido histórica y que comienza con la llegada de los españoles a América, continuándose hasta nuestros días a través de distintas formas. Sus estrategias de lucha, por tanto, no solo deben enfocarse a las actuales problemáticas sino que también deben hacerse cargo de su pasado, uno contado e historizado desde los grupos en el poder. Contar la historia con voz propia es parte del indianismo desarrollado tanto dentro como fuera de los espacios académicos. En este punto hay una denuncia de la historia y la antropología como disciplinas que han hecho del indio su objeto de estudio, reforzando la subordinación.

- La revalorización de las culturas indias como un imperativo moral. Si bien los indios han sido objetos de opresión, por otro lado se trata de pueblos vivos, con prácticas culturales propias y con un desarrollo cultural específico. El desafío en este punto es conseguir no solo una valoración positiva de ellas a nivel social, sino también que los propios sujetos indígenas se reapropien de su cultura.

- La continuidad de estructuras coloniales. Un diagnóstico generalizado de los diversos grupos indígenas es que en los Estados nacionales la opresión, las relaciones de subordinación y la dominación sobre estos se ha continuado mediante diversas estrategias.

- El panindianismo y la afirmación de civilizaciones indias. Se asume que la lucha común de todos los pueblos indios de América Latina es posible, porque existe una unidad histórica dada por la opresión colonial que negó y ocultó la existencia de grandes civilizaciones indias en el continente, el otro elemento que los vincula históricamente.

- La crítica a Occidente. Este punto, probablemente el más extremo y rígido del indianismo, se refiere a la diferencia fundamental que los indios establecen entre sus civilizaciones y la occidental, diferencia que muchas veces es radical, de oposición y negación absoluta de esta última. Su argumento se basa en un juicio histórico que entiende la invasión, el colonialismo y el imperialismo como formas de ser de Occidente que, por un lado, se contraponen a las civilizaciones indias, y que por otro, no han logrado imponerse sobre un sujeto indio que las ha resistido. Esto implica que los problemas indios no pueden ser resueltos mediante soluciones occidentales, de ahí que la salida deba ser también india. En este punto cabe también la crítica a la modernidad, entendida como un proceso occidentalizante que ha dejado al margen a los indios, sus problemáticas y formas de pensamiento.

- La relación entre naturaleza y sociedad. Está directamente conectado con el punto anterior, y se refiere a las diferencias en la idea de naturaleza y de la vida del hombre en sociedad entre la civilización occidental y las indias. Occidente ha promovido la desvinculación creciente entre la naturaleza y el hombre, fomentando el dominio del segundo sobre la primera, mientras que para las civilizaciones indias, ambas están interrelacionadas, el hombre es parte de la naturaleza y no busca someterla, sino convivir con ella.

El movimiento indígena actual recoge varios elementos del indianismo, sobre todo los primeros tres puntos mencionados, en torno a los cuales existe un amplio consenso y una buena cantidad de trabajos. Sin embargo, sobre los últimos dos fundamentos ha habido más discusiones pues para algunos la negación tajante de Occidente se ha transformado en un pensamiento racista que ha ubicado en un polo a Occidente y el mal, y en el otro extremo a las civilizaciones indias y el bien, en un acto que solo invierte valoraciones. Por otro lado, las diferencias en la relación naturaleza/hombre han desembocado para algunos en una filosofía india, es decir, en una reflexión sistemática, asociada a un método particular, sobre el mundo, la vida y la existencia que muestra a los grupos indios como ajenos a todo tipo de prácticas y pensamientos occidentales, idealizando un modo de vida que no necesariamente se ajusta con la realidad actual de los grupos indios. Finalmente, otro de los puntos de discusión es que en estos argumentos no se define lo que se entiende por Occidente; no hay una acotación en términos de tiempos históricos, espacio geopolítico o dimensiones culturales, de modo que Occidente remite más bien a una generalización atemporal y sin referencia espacial.

Más allá de estas divergencias lo que interesa relevar es que el indianismo, en tanto pensamiento indio, no es una formulación única y, además, con el transcurso del tiempo ha ido sufriendo modificaciones y reformulaciones. No obstante, los elementos antes mencionados constituyen los principales ejes, los núcleos articuladores de este pensamiento. Es por ello que el indianismo no se puede reducir, como algunos detractores sostienen, a un discurso racista que únicamente invierte los términos de referencia; la variante racial es tan solo un componente de un discurso más amplio.

Ahora bien, en la región andina el indianismo se articuló con mucha fuerza, siendo Bolivia un país central para comprender su desarrollo, pues aquí no solo ha prosperado el katarismo como una vertiente política ligada al indianismo, sino, sobre todo, porque aloja al principal intelectual indianista, el quechua-aymara Fausto Reinaga.

El katarismo en Bolivia

Hacia fines de la década de 1960 y unos pocos años antes de que concluyera el Pacto Militar Campesino, el desgaste de la relación entre campesinos y los grupos en el Estado, unido a la invisibilidad de las problemáticas propiamente indígenas, llevó a un conjunto de universitarios de La Paz, dirigidos especialmente por estudiantes de derecho, a reflexionar sobre la condición campesina e indígena de sus pueblos, las experiencias negativas vividas en la ciudad y la necesidad imperiosa de avanzar por un camino propio hacia la liberación total. Recurriendo a la memoria histórica y rebelde, Raimundo Tambo –quien llegó a ser secretario general del Partido Indio de Bolivia–, Constantino Lima, Quintín Apaza, Jenaro Flores, entre otros, iniciaron una agrupación inspirada en la rebelión anticolonial de Túpac Katari –de ahí el nombre de kataristas– para relevar la lucha de sus antepasados por la emancipación. Es así como se forma el Movimiento Universitario Julián Apaza (MUJA), que tuvo como antecesor al Movimiento 15 de Noviembre –fecha de muerte de Túpac Katari en 1781–, siendo ambos las primeras expresiones orgánicas del katarismo.

El MUJA fue una organización urbana y universitaria que utilizó la plataforma sindical para difundir sus ideas. De hecho, para Albó:

> [...] la gran innovación del Katarismo fue que, sin rechazar la organización 'sindical campesina' en la que se había incrustado y que entonces tan viva estaba en todas las bases, irrumpió con una ideología étnica expresada no solo en su nombre y héroes, sino también en su bandera propia –la *wiphala*–, en la revalorización de las autoridades tradicionales, en sus programas de radio en aymara y en otros muchos detalles que seguían presentes pero reprimidos en el imaginario de la gente[195].

Al hacerse parte del sindicalismo, este movimiento tuvo mayor convocatoria que otros, a tal punto que en 1971 llega al cargo de máximo dirigente de la Central Nacional de Trabajadores Campesinos de Bolivia (CNTCB), Jenaro Flores, uno de los líderes kataristas. Pero ese mismo año, al llegar Hugo Bánzer al poder (1971-1978), Flores y los demás miembros kataristas salen al exilio y el katarismo como movimiento pasó a la clandestinidad sin dejar de funcionar gracias a una red interna que lo posibilitó: estudiantes, maestros y comerciantes aymaras, instituciones de promoción social campesina y sobre todo, los sindicatos de base, pues:

> Desde la época del MNR, la manipulación de los sindicatos por parte del aparato burocrático del Estado no llegaba a afectar las instancias comunales y de sub-centrales. Los brazos del Estado solo alcanzaban a las Federaciones y Centrales provinciales. Los sindicatos de Comunidad y Sub-central, fueron pues, terreno fértil a la prédica katarista contra el Pm-c y el control burocrático, así como a la revalorización de las culturas andinas y a la afirmación de su identidad

---

[195] Albó. Ob. cit., 2008, p. 38.

en la lucha contra las nuevas formas de explotación surgidas luego de la Reforma agraria[196].

La especificidad indígena en la que el katarismo pone el acento resultaba contraproducente para las pretensiones de unidad y civilización a las que apuntaba Bolivia desde 1952, y además sacaba a colación viejas estructuras y tensiones de la sociedad boliviana que no habían logrado superarse: ni los avances liberales ni las reformas de 1952 ni el Pacto Militar Campesino pudieron sustituir, como lo señala la socióloga boliviana Silvia Rivera Cusicanqui, las formas coloniales de convivencia por un pacto democrático[197], de modo que fue necesaria su represión.

Con el tiempo los kataristas aúnan fuerzas e ideas que se plasmaron en un documento llamado *Manifiesto de Tiahuanacu*, que sale a la luz en 1973. En su creación y redacción participan cuatro organizaciones:

> [...] el Centro de Coordinación y Promoción Campesina MINK'A, creado en 1969 y con registro legal en 1971, dedicado en gran medida a la promoción de empresas autogestionarias de las comunidades aymaras y quechuas, y a la defensa y difusión de la historia, la lengua y la cultura de los pueblos indios; el Centro Campesino Túpac Katari, fundado en 1971; la Asociación de Estudiantes Campesinos y la Asociación Nacional de Profesores Campesinos[198].

En este Manifiesto los autores, todos indígenas, hacen un recorrido por la cultura, historia, economía, partidos políticos, sindicalismo, educación y mundo campesino, en el que son transversales la opresión y exclusión como constantes históricas:

> Nos sentimos económicamente explotados y cultural y políticamente oprimidos. En Bolivia no ha habido una integración de culturas sino una superposición y dominación habiendo permanecido, nosotros, en el estrato más bajo y explotado de esa pirámide. Bolivia ha vivido y está viviendo terribles frustraciones. Una de ellas, quizás la mayor de todas, es la falta de participación real de los campesinos quechuas y aymaras en la vida económica, política y social del país[199].

---

196 Hurtado, Javier. *El Katarismo*. La Paz: Hisbol, 1986, s/p.

197 Rivera Cusicanqui, Silvia. "La raíz: colonizadores y colonizados". Xavier Albó y Raúl Barrios. *Violencias encubiertas en Bolivia*. La Paz: CIPCA, 1993, pp. 27-139.

198 Bonfil Batalla. Ob. cit., p. 214.

199 "Manifiesto de Tiahuanacu" (1973). Bonfil Batalla. Ob. cit., p. 216.

El Manifiesto destaca que el origen de la opresión no es económico ni político, sino cultural e ideológico, de modo que no se trata de un asunto de clases, o tan solo de ello, sino de la persistencia de un sistema colonial que los oprime, discrimina y excluye de todos los ámbitos de la sociedad boliviana.

La importancia del Manifiesto es que afianza el movimiento, difundiendo sus ideas a nivel nacional e internacional, y sirviendo de base para la creación de nuevos movimientos y para la formación de cuadros sindicales durante la dictadura:

> En grupos de tres a cinco se leía y discutía el documento; se realzaba la figura de Túpac Katari: qué fue lo que este persiguió, por qué luchó, etc. Se analizaban, igualmente, los problemas económicos, culturales y políticos del momento y se planteaba la necesidad de reeditar las luchas anticoloniales de Túpac Katari y Bartolina Sisa. Muchas de esas actividades se llevaron a cabo bajo la cobertura del Centro Campesino Túpac Katari[200].

Hacia el final de la dictadura la represión aumentó y el katarismo recibió acusaciones de subversión, dificultando el desarrollo de sus actividades. Sin embargo, estas no cesaron y el movimiento pese a todo se mantuvo, reorganizándose abiertamente cuando la dictadura finalizó, llegando hasta la actualidad. De hecho uno de los principales logros del katarismo fue la llegada de Víctor Hugo Cárdenas al cargo de Vicepresidente de la República de Bolivia, con Gonzalo Sánchez de Lozada como Presidente, entre 1993 y 1997.

Con el pasar del tiempo y el hecho de enfrentarse a nuevos desafíos, el katarismo tiene hoy dos grandes tendencias: una, si se quiere más moderada y desligada en muchos aspectos de los temas indios que originalmente los convocaron, y otra, más radical, pues ha llevado al extremo los postulados originales del katarismo.

La primera tendencia está basada en una lectura de la realidad nacional que la considera asimétrica desde el punto de vista social, económico, político y cultural, y que no ha logrado revertirse, razón por la cual ellos plantean la tesis de que en Bolivia se mantiene un colonialismo que no ha sido superado. En este sentido interpelan no solo a los pueblos indígenas, sino a la sociedad en general: "el movimiento katarista no pretende solucionar solamente los problemas de los pueblos indígenas, sino también los problemas del conjunto de la realidad nacional"[201]. Esta perspectiva entiende al katarismo como un movimiento social

---

[200] Hurtado. Ob. cit., s/p.

[201] Saavedra, José Luis. "Palabra katarista. El debate entre Víctor Hugo Cárdenas y Fernando Untoja". XIII Reunión Anual de Etnología. 18, 19, 20 y 21 de agosto de 1999. Tomo I. Serie: *Anales de la Reunión Anual de Etnología*. La Paz, Bolivia: MUSEF, 2000, p. 314.

amplio, en el que lo indígena es un componente más –de ahí que se aleje de posiciones indianistas–, y que pretende leer la realidad con mayor complejidad, sin abandonar por cierto sus orígenes ni problemáticas indígenas. La otra tendencia katarista, considerada más esencialista, sostiene que el sentido de la lucha katarista es el retorno al origen, de modo que se niega a establecer cualquier tipo de alianza con mestizos y con otros grupos políticos que se alejen de esta idea. Su propósito es la restitución de formas organizativas propias del mundo andino, sin problematizar qué ocurre con el resto de la población que no es indígena. Fernando Untoja y Felipe Quispe son algunos representantes de esta última tendencia, mientras que Víctor Hugo Cárdenas lo es de la primera.

Más allá de estas divergencias, lo cierto es que el katarismo tiene su origen en el indianismo. La revalorización cultural de los grupos indígenas, su recuperación histórica y su potencial político son elementos heredados, entre otros, como la simbología india, del indianismo. Pero además, tanto el katarismo como el indianismo en Bolivia están vinculados, según es posible observar, a Fausto Reinaga. Es interesante notar que en las diversas referencias bibliográficas citadas en este texto sobre el katarismo se menciona a Reinaga, pero generalmente estableciendo distancia con él. Por ejemplo, Jenaro Flores en una entrevista aclara:

> [...] han dicho que Jenaro Flores es dirigente o sabe el katarismo leyendo los libros de Fausto Reinaga, que en paz descanse, pero no tengo nada con él, no tengo nada que ver. Y le digo a la opinión pública y muy especialmente a mi pueblo, a las naciones originarias, yo no tengo nada que ver con los libros de Fausto Reinaga, honor y gloria porque él ha hecho libros, defendiendo –dice– los intereses del indio y otros, está excelente, no me opongo. Pero de ninguna manera, pueden decir que Jenaro flores es hechura de Fausto Reinaga, yo no tengo nada que ver con Fausto Reinaga[202].

Víctor Hugo Cárdenas también lo reconoce pero se distancia ampliamente de él al señalar:

> Yo soy parte de un movimiento katarista y los kataristas no tenemos ningún empacho en decir que un antecedente del movimiento katarista y también del movimiento indianista es Fausto Reinaga. Pero nosotros no nos consideramos herederos del pensamiento de Fausto Reinaga. Por qué? [...] Creemos que Fausto Reinaga, a nivel conceptual, a nivel

---

[202] Saavedra, José Luis. "El yugo de la alianza. Crítica katarista a la gestión vicepresidencial de Cárdenas". XIV Reunión Anual de Etnología. 23, 24, 25 y 26 de agosto de 2000.Tomo II. Serie: *Anales de la Reunión de Etnología*. La Paz, Bolivia: MUSEF, 2001, p. 184.

epistemológico, ha simplificado una realidad que es bastante compleja, ha cometido el mismo error que los marxistas [...] Don Fausto Reinaga ha simplificado la cosa al separar el mundo, quiero decir el mundo boliviano, entre blancos e indios; blancos (como los burgueses) malos e indios (como los proletarios) buenos. O sea ese esquema maniqueo, dualista, de origen hegeliano y marxista, en versión andina, en versión Fausto Reinaga, no corresponde con la realidad boliviana que es más compleja que eso [...] Y además, bajo el término indio, indianismo o amautismo, metió en un mismo casillero lo que es aymara, lo que es guaraní y una compleja variedad cultural[203].

Javier Hurtado en su libro *El Katarismo* (1986) reconoce un posible vínculo e influencia de Reinaga sobre este movimiento, pero no lo deja claro:

> Es difícil pensar cómo y en qué medida esta doble influencia: sobre todo la de Reinaga e INDICEP [Instituto de Investigación Cultural para Educación Popular] tuvo algo que ver con la puesta en escena de las figuras de Túpac Katari y Bartolina Sisa. Imposible saber, asimismo, si se originó en La Paz o en Oruro o si fue simultánea o no. Cada uno dice ser el iniciador[204].

Xavier Albó incluso menciona a Reinaga como una importante influencia en el pensamiento indio, reconociéndolo como intelectual, "como un incisivo escritor boliviano [...] marginado por casi todos sus colegas"[205], pero que no es indio, es decir, desconoce su condición propiamente indígena.

Estas citas dan muestra de un tibio reconocimiento de la influencia de este autor o del poco conocimiento sobre su obra, la que –sostengo aquí– está en la base del indianismo. Bonfil Batalla, por ejemplo, lo sitúa como el principal impulsor del indianismo y como uno de los pensadores indios más importantes. De hecho la principal obra de Reinaga, *La revolución india,* en la que plantea sus tesis sobre la liberación del indio, es de 1969, dos años antes de la Primera Reunión de Barbados y de cualquier manifiesto o declaración de grupos indios. Estos antecedentes ponen de manifiesto que se trata de una figura relevante, controversial si se quiere, pero imposible de obviar si del indianismo se trata, razones por las cuales a continuación se profundizará en sus planteamientos y propuestas.

---

[203] Saavedra, José Luis. "En torno al 'Amauta del Tahuantinsuyo' Fausto Reinaga. Conversando con Víctor Hugo Cárdenas". Reunión Anual de Etnología 1994. 23, 24, 25 y 26 de agosto de 1994. Serie: *Anales de la Reunión Anual de Etnología*. La Paz, Bolivia: MUSEF, 1995, p. 128.

[204] Hurtado. Ob. cit., s/p.

[205] Albó. Ob. cit., 2002, p. 183.

El indianismo de Fausto Reinaga

Fausto Reinaga es un escritor, ensayista e historiador quechua aymara de Bolivia, referente ineludible y cita obligada al momento de señalar a los impulsores del indianismo, en lo que a la región andina se refiere.

El 27 de marzo de 1906, en el cantón de Macha de Potosí, nació José Félix[206] Reinaga Chavarría[207] en una Bolivia aún oligárquica y abiertamente racista. Desde muy niño comenzó a trabajar en el pastoreo de llamas y ovejas junto a su padre, luego como leñador y también minero –oficios que eran el destino obligado para los indios de la época– y a experimentar los padecimientos de los indios como sujetos oprimidos. Años más tarde Reinaga relata algunos pasajes sobre su vida familiar y los abusos cometidos contra ellos, dando cuenta no solo de la opresión sino también de la resistencia de los indios:

> Mis padres tuvieron cuatro hijos: Rufina, José Félix, Tomasa y Alberto, que fue fusilado cuando prestaba su "servicio militar". Mis hermanas murieron violadas y asesinadas por los gamonales de Peña y Guadalupe. Mi madre inútilmente sostuvo pleitos… Por eso llegada la ocasión, se hizo justicia con sus propias manos. En efecto, durante la sublevación qheswaymara de 1927, en la captura del corregidor de Guadalupe Julio Berdeja, mi madre estaba a la cabeza. Ella prendió el fuego donde el corregidor fue quemado… y comido, con "placer de dioses" por los indios victoriosos y borrachos de libertad. En consecuencia, yo que tenía el nombre de José Félix, quedé como hijo único de Jenaro Reinaga y Aleja Katari (conocida por Alejandra Chavarría Pérez)[208].

---

[206] El nombre de Fausto lo asumirá años después, en la universidad, al conocer la obra de Goethe.

[207] Es interesante señalar el origen de sus apellidos. Según el propio Reinaga, su apellido paterno proviene de Santuario de San Lázaro, que es una comunidad india. Una parte de ella se apellida Reinaga "el apellido español les cayó durante la Colonia, de algún azoguero que anduvo por las minas de Aullagas, los Ingenios del Rosario, La Palca y Santa Margarita". Sobre el apellido materno, Katari, señala: "Después de la Revolución india de 1780, en que murieron ajusticiados en el Alto Perú: Tomás, Dámaso y Nicolás Katari; sus descendientes por instinto de supervivencia, dejaron de usar este apellido. Juan, hijo de los cónyuges Tomás Katari y Curusa Llabe, se volvió Khavari; y el hijo de este, Gaspar, cambió la K por una C y resultó Chavari; posteriormente este mismo Gaspar, añadió una R junto a la otra R con lo que su apellido de Chavari se convirtió en Chavarri; por último su hijo Agustín, mi abuelo materno, lo transformó en Chavarría". Ver: Reinaga, Fausto. *El Pensamiento Amáutico*. Bolivia: Ediciones PIB, 1978, p. 61.

[208] Reinaga. Ob. cit., 1978, pp. 62-63.

En estas condiciones, las posibilidades de estudiar, aprender a leer y escribir, estaban fuera de los derechos que el Estado debía asegurar a la población, y su obtención dependía del azar y los esfuerzos familiares y personales, que en el caso de Reinaga se conjugaron de manera que recién a sus 16 años conoció las letras. Sus estudios, y más adelante su trabajo en periódicos de la época, le permitieron el desplazamiento a las grandes urbes de Bolivia, como Oruro, Potosí y Sucre, lugar donde obtiene su título de abogado en 1936. Los viajes a las grandes ciudades de entonces facilitaron su involucramiento en las luchas universitarias y obreras de aquellos tiempos. A pesar de que logró acceder a la educación formal, reconoce años más tarde que ese fue un proceso de asimilación y alienación que no estuvo exento de discriminación racial y sufrimiento, al punto de llegar a creer que "indio" era un insulto y a demandar a un compañero por tratarlo de ese modo[209].

No obstante la negación introyectada de su condición india, es en este contexto urbano y universitario donde Reinaga comienza el desarrollo de fuertes críticas a la sociedad de su época desde una perspectiva marxista, corriente que lo acompañará durante muchos años y que marcará parte importante de su obra.

Según Humberto Mata, su biógrafo ecuatoriano, la vida y obra de Reinaga son indisolubles, "de manera que cuando tratamos de hacer un recuento de sus obras y recopilar su vida en forma separada, es imposible"[210]. De hecho, su copiosa producción se puede dividir en varios momentos que están ligados a las etapas de su vida. Sobre esta periodización hay varias interpretaciones[211], pero aquí se plantea que existen básicamente dos, de acuerdo tanto a su ideología como a sus propuestas: la primera, es una etapa marxista, nacionalista y antioligárquica, que va desde *Mitayos y Yanaconas* (su tesis de grado) publicada en 1940 hasta *La "intelligentsia" del cholaje boliviano* de 1967; y la segunda es indianista, anticolonialista y amáutica, que comienza en 1968 con la publicación de *El indio y los escritores de América Latina* y termina con *El pensamiento indio*, su última obra en 1991, tres años antes de su muerte.

---

[209] Reinaga, Fausto. *La Intelligentsia del cholaje boliviano*. Bolivia: PIB, 1967.

[210] Reinaga, Hilda. *Fausto Reinaga, su vida y sus obras*. La Paz, Bolivia: Ediciones Mallki, 2004, p. 3.

[211] Por ejemplo, Hilda Reinaga habla de tres etapas: marxista, indianista y amáutica; Esteban Ticona Alejo menciona tres momentos: producción temprana y antioligárquica, nacionalista revolucionaria y marxista, y finalmente la ideología indianista; Félix Patzi menciona tres: indianista (1960-1970), tesis de las dos Bolivias (1970-1980) y la amáutica (1980-1994); Fabiola Escárzaga, también propone tres etapas: nacionalista revolucionaria (1930-1962), indianista (1962-1981) y amáutica (1980-1994). Ver: Cruz, Gustavo. "Aproximación al indianismo revolucionario de Fausto Reinaga". 2009. *Globalización. Revista Mensual de Economía, Sociedad y Cultura*. 15 de mayo de 2010. Documento en línea disponible en: http://www.rcci.net/globalizacion/2009/fg877.htm

Cada uno de estos momentos tiene sus procesos y particularidades. El primero de ellos, y siguiendo lo señalado por Bonfil Batalla al respecto, se caracteriza por un pensamiento crítico de la realidad de Bolivia, que sin dejar de lado la situación india, releva una perspectiva nacionalista, apoyada en el marxismo; se trata, según Batalla, "de un intelectual boliviano, interesado en la raíz india y crítico frente a muchos aspectos de la historia cultural de su país, pero finalmente enmarcado dentro de la corriente nacionalista no india"[212]. Reinaga es en ese momento un marxista que interpreta desde esa corriente teórica los problemas que enfrentaba su país. Por aquel entonces, y recordando lo señalado en el Capítulo 2 de este trabajo, en la primera mitad del siglo XX latinoamericano se había puesto en marcha un proceso que buscaba poner fin al Estado oligárquico y dar paso a un Estado nacional-popular. Las migraciones del campo a la ciudad, el surgimiento de las clases medias y el aumento de demandas sociales producto de una creciente población, desencadenaron presiones para poner fin al sistema latifundista y generar políticas de integración que se hicieran cargo de los sectores excluidos de las sociedades latinoamericanas, grupo dentro del cual estaban los indígenas. Aquí se destacan dos procesos de importancia: las políticas indigenistas y la reforma agraria, ante los cuales Reinaga no permaneció indiferente.

En 1944 Reinaga fue diputado nacional bajo el gobierno del general Gualberto Villarroel (Presidente de la Junta Militar entre 1943 y 1944, luego Presidente provisorio entre 1944 y 1945, año en que es elegido Presidente por seis años en el marco de una nueva Constitución, y finalmente derrocado y asesinado en 1946). Bajo ese rol participa en el Primer Congreso Indigenal en Bolivia en 1945, año en que también viaja a México para interiorizarse del proceso de la reforma agraria en ese país. En el contexto legislativo conoció a su compatriota Franz Tamayo, intelectual y político dedicado a temas sobre el mestizaje boliviano, a quien años más tarde (en 1957) dedicará un libro del cual se arrepentirá y que criticará profundamente al avanzar hacia su pensamiento indianista. Al caer Villarroel, Reinaga se exilió en Buenos Aires, lugar donde escribió un documento titulado *Víctor Paz Estenssoro*, publicado en 1949, en el cual critica al MNR y a su líder, lo que más tarde le traerá varios problemas. Clandestinamente, Reinaga vuelve a Bolivia, pero es apresado y luego de varios intentos logra escapar e instalarse en un terreno del cerro Killi-Killi (hoy Villa Pabón), La Paz, lugar en el que finalmente se quedará. En 1952 se produce la Revolución Boliviana, la que apoya, pero su relación conflictiva con el MNR y Estenssoro le valió varios periodos de presidio durante este tiempo. Sin embargo, y pese a las circunstancias adversas, Reinaga continúa su producción escrita, publicando *Nacionalismo boliviano* en 1952 y *Tierra y libertad* en 1953. En este último texto Reinaga hace un recorrido por la relación histórica entre el latifundio y el pueblo explotado,

---

[212] Bonfil Batalla. Ob. cit., p. 58.

es decir, los indios en la historia de Bolivia, concluyendo que es necesaria una revolución y no una reforma agraria, porque:

> En la materia que estamos tratando, reforma agraria significa en el fondo, respeto al terrateniente, conservación del terrateniente con su latifundio tecnificado... pero a través de la reforma, subsistirán tanto el gamonal como su latifundio... La Revolución Agraria exige la extirpación del gamonal y la transformación del latifundio en un sindicato agrario; sindicato sujeto a las modalidades tradicionales formales y substanciales de la comunidad y del ayllu[213].

El acento marcadamente marxista de este texto es muy representativo del primer momento de la obra de Reinaga; sin embargo, esto no le impide ver que es el indio, en su condición de pueblo, el que requiere de esa tierra monopolizada y de la libertad para cultivarla ("La liberación india significa dar tierra y libertad al indio [...] En Bolivia no hay tierra y sobran brazos"[214]), razón por la cual apoya la revolución que acababa de ocurrir en el país, pero entiende que esta debe nacionalizar la tierra. Además, por entonces ya identifica una elite dominante en términos de producción intelectual, a la que denomina "intelligentsia", y que critica duramente por ser "una colonia intelectual al servicio de intereses ajenos a la nacionalidad"[215]. Desarrollando estas críticas es que escribe *Franz Tamayo y la revolución boliviana* en 1957 y *Alcides Arguedas* en 1960.

Su trabajo intelectual le permitió recorrer algunos países de América Latina y también de Europa. De hecho, sus años de militancia y la importancia de sus trabajos le abrieron paso para ser invitado a la celebración de los 40 años de la Revolución Rusa, oportunidad que tuvo para viajar al país de Lenin. Ese momento será crucial en su vida y en el desarrollo de su pensamiento, pues al ver la realidad del pueblo ruso comienza a sospechar que el comunismo no es el camino más adecuado para dar solución a los problemas de los indígenas. De regreso en América Latina, el mismo año 1957, Reinaga participa en el Congreso del Partido Comunista en Montevideo, Uruguay, en donde es apresado sin recibir apoyo ni ayuda del Partido Comunista. Este hecho y su visita a la ex URSS marcaron el tránsito de un pensamiento marxista a uno indianista. Un primer paso en esta dirección fue su participación, aunque no se sabe bien a qué nivel, en la fundación del Partido de Indios Aymaras y Keswas (PIAK) el 15 de noviembre de 1962, contexto en el que conoce a Raymundo Tambo.

---

213 Reinaga, Fausto. "Tierra y libertad". *Katari.org*. 08 de junio de 2010. Documento en línea disponible en http://www.katari.org/pdf/libertad.pdf

214 *Ibíd.*, p. 35.

215 *Ibíd.*, p. 13.

El PIAK[216] en 1966 da paso al Partido Indio de Bolivia (PIB), en el que Tambo será Secretario General y Reinaga, hacia 1968, su líder.

Durante este periodo de tránsito Reinaga dedicará su producción intelectual a la escritura de libros en los que impugna duramente a los pensadores mestizos de Bolivia, sobre todo en *El indio y el cholaje boliviano* de 1964 y *La "intelligentsia" del cholaje boliviano* de 1967, para luego en 1968 ampliar su crítica hacia los intelectuales mestizos de América Latina en *El indio y los escritores de América Latina*. Este libro es clave en el paso hacia el desarrollo de un pensamiento indio, pues el análisis que realiza a las obras de los libertadores como Simón Bolívar o José de San Martín, y a la producción de los más influyentes intelectuales de la región, como Domingo Faustino Sarmiento, Juan Bautista Alberdi, Rubén Darío, José Enrique Rodó, José Carlos Mariátegui, Manuel González Prada, Pío Jaramillo, José Vasconcelos, entre varios otros, es desde una perspectiva india, es decir, repasa sus obras relevando cómo han tratado el problema indio, como Reinaga lo denomina, bajo el entendido que los indios conforman la población mayoritaria, o muy importante demográficamente, en los países que considera (Argentina, Bolivia, Ecuador, México y Perú). En términos generales, les critica a estos pensadores el querer incorporar al indio a la civilización occidental, una civilización que luego de los hechos de la Segunda Guerra Mundial está cuestionada desde el interior. En esa senda incorpora los argumentos sobre la decadencia europea de Arnold Toynbee, Oswald Spengler y Jean Paul Sartre, para concluir que Occidente no puede incorporar al indio y que no lo ha hecho durante siglos, porque Occidente es racista, y sentencia: "la raza no es una cualidad implícita del ser humano que distingue y diferencia de otro ser humano. La raza no es un juicio científico, es un prejuicio adherido a la estructura mental del hombre de Occidente, con propósitos de aprovechamiento, dominio y poder"[217]. En este punto Reinaga entra en contacto con Fanon, el "negro genial" como lo llama, ampliamente citado en el texto y a quien señala como el intelectual que más tempranamente ha develado el racismo construido por el pensamiento humanista occidental.

El propósito de este texto es allanar el camino hacia una revolución india, concepto que incorpora en su prólogo y que entiende como su propuesta de liberación. Esta liberación la va trazando a través de varias de sus obras, pero en esta particularmente, comienza planteando la posibilidad de pensar desde lo indio la emancipación; es por ello que señala:

---

[216] En su acta de fundación se señala: "La meta suprema del PIAK es el Poder. El Poder, por la razón democrática o por la fuerza de la revolución […] la divisa del PIAK es PODER O MUERTE", en: Reinaga, Fausto. *La revolución india*. La Paz: edición propia, 2007 [1970], pp. 482-483.

[217] Reinaga, Fausto. *El indio y los escritores de América Latina*. La Paz, Bolivia: PIB, 1968, p. 227.

> [...] llegará la hora –como que ha llegado ya– en que los auténticos y verdaderos indios, indios de sangre y espíritu, irrumpan en la "república de las letras", y aparezcan cerebros indios, produciendo pensamiento indio. Y entonces, hay que estar seguro de ello, que se cantará el responso para el "indigenismo" como para el "cholismo". Quedando el "espacio vital" libre para la literatura INDIANISTA[218].

Reinaga tempranamente plantea que la revolución primero debe pensarse antes de tomar las armas e iniciar la lucha, la que se da tanto en el plano físico como intelectual.

Importantes para entender el desarrollo y los principales ejes del pensamiento de Reinaga son sus diferencias con el planteamiento de Mariátegui sobre este tema. Para Reinaga, el intelectual peruano encarna dos pensamientos, dos sentimientos que se contradicen, pues por un lado Mariátegui es un marxista europeizado, un mestizo que busca una salida occidental a la situación del indio, es decir, lo considera un indigenista. Pero, por otro lado, reconoce en él a un "indio-amauta", que ha sabido leer la situación de opresión que vive el indio; el problema para Reinaga es que la tesis y antítesis en Mariátegui no logran llegar a una síntesis, pues:

> Este marxista "convicto y confeso", ha reducido y encajado al indio dentro de los cánones y moldes de una clase social explotada, nada más ni nada menos. El indio deja de ser raza, pueblo y Nación, para convertirse en una clase social, como cualquier otra clase de una sociedad europea[219].

Pero la diferencia más importante y decidora entre ambos pensadores es que Reinaga no está de acuerdo con el diagnóstico de Mariátegui, según el cual, el problema del indio era la tierra y su posesión, la que debía estar en manos de la mayoría indígena. Para Reinaga el indio es el propietario original de las tierras americanas, usurpadas por los europeos primero y por los mestizos criollos después, de modo que en primer lugar se trata de una devolución, de una restitución de tierras. Con esta acción, sin embargo, no se acaba con el problema, pues si la tierra ha sido siempre de los indios, lo que estos requieren para su liberación es, entonces, poder. Reinaga señala que luego de la reforma agraria, el indio ha tenido acceso a la tierra, pero sus problemas continúan:

> El indio hace 17 años –desde el 2 de agosto de 1953– que posee la tierra. ¿Por qué no se ha resuelto "la cuestión del indio"? ¿Por qué día que

---

218 *Ibíd.*, pp. 68-69.

219 *Ibíd.*, p. 77.

pasa se agudiza el problema del indio? ¿Por qué? Porque sencillamente la "cuestión del indio" no es "cuestión de tierra". *Es cuestión de Poder.* Mientras el indio no tenga el Poder en sus manos, se agudizará cada vez más y más la "cuestión del indio" en Bolivia, el Perú y el Ecuador[220].

Esta diferencia que establece con Mariátegui es lo que le permite ir formulando una vía liberadora revolucionaria, pero no ya bajo las categorías marxistas clásicas. Reinaga comprende que la revolución marxista no ha liberado a los pueblos oprimidos y peor aún, que la izquierda nacional –boliviana– no ha aceptado ni comprendido el problema del indio porque no ha aceptado su existencia, pues, de hecho, supedita su identidad, y por lo tanto su problemática específica, a la del campesinado como ente abstracto. De ese modo le niega una capacidad revolucionaria y lo restringe al programa del proletariado, pero:

> El indio [dice Reinaga] no es un asalariado; no vive del salario. El indio no es una clase social. ¿Entonces qué es? El indio es una raza, un pueblo, una nación oprimida. El problema del indio no es el problema "campesino". El campesino auténtico lucha por el salario. Su meta es la justicia social. El indio no lucha por el salario, que nunca conoció; ni por la justicia social, que ni siquiera imagina. El indio lucha por la justicia racial, por la libertad de su raza: raza esclavizada desde que el Occidente puso su pezuña en las tierras del Tawantinsuyu. El problema del indio no es asunto de asimilación o integración a la sociedad "blanca, civilizada"; el problema del indio es problema de LIBERACIÓN[221].

Es así como Fausto Reinaga inicia el segundo momento en su producción intelectual, en la que se proclama escritor indio ("No soy escritor ni literato mestizo. Yo soy un indio que piensa; que hace ideas; que crea ideas"[222]), defiende la especificidad cultural e histórica de los indios y comienza a delinear un pensamiento propiamente indígena que les permita alcanzar la liberación. *La revolución india*, publicado en 1969, es su texto más importante y representativo de este periodo, pues en él es posible encontrar el meollo de su pensamiento y sus propuestas. En este libro Reinaga profundiza varios planteamientos que en su trabajo anterior solo había esbozado, y además propone nuevas formas para comprender la realidad de los indios de Bolivia[223].

---

[220] Reinaga. Ob. cit., 2007, p. 308.

[221] *Ibíd.*, pp. 54 -55.

[222] *Ibíd.*, p. 45.

[223] La producción escrita de Reinaga si bien es numerosa luego de *La revolución india,* lo cierto es que son textos que revisitan los temas que en esta producción se trabajan,

Uno de los puntos que retoma Reinaga es su crítica a Occidente. La "fiera rubia", como él la designa, la identifica con Europa y Estados Unidos, y específicamente con el pensamiento que a través de sus intelectuales se ha desarrollado y con los grupos de poder que gobiernan estos países. Sus cuestionamientos son de índole histórica, sobre todo en el caso europeo, por lo que repasa la filosofía y religión elaboradas y traídas desde el viejo continente, las que define como instrumentos de opresión y explotación del indio. El cristianismo lo asume como un instrumento de conquista por parte de Occidente y propone la libertad religiosa como un derecho humano que, según él, ha tardado mucho en concretarse. Sobre la filosofía occidental, en 1982 publica el libro *La podredumbre del pensamiento europeo*, en el que analiza los postulados de varios intelectuales, desde Sócrates hasta Hegel, enfatizando cómo estos han promovido un desarrollo desigual a todo nivel; resulta de interés cómo el análisis de Occidente siempre lo hace en relación a los pueblos oprimidos, no solo indios, sino también en referencia a los asiáticos y africanos. En esa línea introduce como modelo crítico la matriz interpretativa de la Teoría de la Dependencia para establecer cómo la comunidad intelectual se ha dividido en dos partes desiguales: metrópoli y periferia. Al respecto, Reinaga señala:

> La Metrópoli da a la Periferia su fisonomía, esencia, sabor, faceta, gesto; en suma, da su forma y conciencia […] El pensamiento metropolitano, el saber del Centro, llega a la Periferia como reflejo, como eco, como sombra […] Y con este desperdicio, con esta basura metropolitana, la comunidad intelectual de la Periferia, llámese Asia, África, América, elabora, edifica, construye su vida intelectual […] La escala de valores de Europa es la escala de valores de Asia, África y América[224].

Pero también hace un cuestionamiento actual –para la época– sobre el momento de posguerra y la decadencia de Europa luego de la Segunda Guerra Mundial, como antes ya se mencionó, y sobre la participación de Estados Unidos en el comienzo de la Guerra Fría y la Guerra de Vietnam. Estos hechos llevan a Reinaga a plantear que bajo esas consideraciones Occidente ya no puede ser el referente ni ideológico ni político para el resto del mundo, y que esa posición, por lo demás auto otorgada en base a la dominación colonial, ya no es sustentable. El holocausto judío, la bomba atómica y las guerras de la época son los argumentos que da para desestimar la autoridad moral de Occidente como

---

de manera que no se revisará cada una de las obras de este autor, a excepción de *El pensamiento amáutico* (1978), en el que hay una variante de su pensamiento indianista.

[224] Reinaga, Fausto. *La podredumbre del pensamiento europeo*. Bolivia: Ediciones Comunidad Amáutica Mundial (CAM), 1982, pp. 43-44.

guía para la liberación de otros pueblos. En ese entendido es que años más tarde, en 1978 en su libro *Indianidad*, sostiene que los indios deben extirpar de sus cabezas tanto a Cristo como a Marx, pues ambos caminos de liberación son cuestionables por lo acaecido en Europa y porque ambas soluciones no se ajustan a una realidad india cuya problemática no es de orden religioso o de clase, sino racial.

Para hacerse cargo de esa realidad, Reinaga vuelve la mirada en su libro *La revolución india*, primero, a la historia de los indios repasando "cuatro siglos sin historia escrita de la EPOPEYA INDIA DE AMÉRICA"[225], historia que reivindica al escribirla, y segundo, a la historia particular de Bolivia. Sobre este punto introduce una propuesta de lectura de la realidad boliviana que él denomina de "dos Bolivias", es decir, una chola o mestiza y otra india, que no han sido capaces de unificarse bajo la república como una sola nación, como un solo país, ya que las estructuras de dominación colonial han sido perpetuadas por los grupos en el poder. La elite, que no ha tenido las competencias necesarias para cumplir su rol de guía, pues no ha gobernado para todos, ha instaurado una república ficticia, basada en postulados europeos, sin conexión con una mayoría india:

> Es el Estado [dice Reinaga] con su Universidad, su escuela, su prensa y sus escritores, quien produce el analfabetismo, el hambre y las matanzas de la gente que explota y esclaviza. Y ¿qué es el Estado Nacional en países como Bolivia? Es nada más que un "comité que administra" los intereses del capital de Occidente[226].

La educación, la iglesia, los partidos políticos y sus ideologías, la reforma agraria y el voto, son instrumentos controlados por la elite, según el autor, para continuar la condición subordinada de los indios, razón por la cual Reinaga propone no solo la creación de partidos políticos indios, como el PIB ya mencionado, sino también escuelas y universidades para indios. Estas ideas como también su impugnación a las políticas de control de la fertilidad en las mujeres, le han valido fuertes críticas por considerarlas esencialistas y excluyentes. No obstante estas objeciones, la propuesta para entender a Bolivia como una república artificial, que alberga una profunda división que en el plano inmediato no ha sido superada por la Revolución del 1952 y sus acciones, es una idea retomada más adelante por los kataristas y también por Silvia Rivera Cusicanqui, y que en el resto de la América Latina emancipada se denominó colonialismo interno. Este concepto, que en el Capítulo 5 de este trabajo se profundizará, alude a que las relaciones de dominación entre la metrópoli y sus colonias no se terminaron

---

[225] Reinaga. Ob. cit., 2007, p. 208.

[226] *Ibíd.*, p. 190.

con las independencias de los países de la región, sino que, por el contrario, estas se mantuvieron ahora al interior de las fronteras nacionales, cambiando solo la figura del dominador: de los reyes a los criollos en el poder. Años más tarde, en 1993, Rivera Cusicanqui sostiene en un artículo titulado *La raíz: colonizadores y colonizados*[227] que la situación de división histórica de Bolivia se debe a que el pacto colonial no ha logrado ser superado ni por el pacto liberal del siglo XIX, ni por el pacto populista de gran parte del siglo XX, ni por el pacto neoliberal de fines de siglo, coincidiendo plenamente con lo postulado por Reinaga casi treinta años antes.

De este modo, si la condición de pobreza del indio y su marginación de todos los espacios de la sociedad son resultado de la reproducción del colonialismo al interior de Bolivia y la solución no es posible encontrarla en el pensamiento occidental, pues el problema del indio no es de clase sino de raza ("las condiciones de trabajo, que son esencialmente esclavistas y racistas, descartan toda posibilidad para una Revolución comunista al estilo de allende los mares"[228], dice el pensador quechua-aymara), entonces Reinaga propone la elaboración de un pensamiento propio, indio, que genere una alternativa de solución. Ese pensamiento es lo que denomina Indianidad y esa solución es la Revolución India:

> La Revolución India no será un Golpe de Estado [...] La Revolución India será una Revolución de otro género, de otra estirpe. La Revolución India será la resurrección de la conciencia, del sentimiento y de la voluntad del hombre nativo autóctono [...] la Revolución India antes que nada será una Revolución de conciencias. Arderá en el cerebro antes de descender a la manos [...] Primero será convicción antes de ser golpe. Por eso la tarea previa de nuestra Revolución es la promoción de un movimiento ideológico. Un intenso movimiento ideológico; un enfrentamiento impetuoso de la ideología india con la cultura occidental. Opondremos a la hispanidad nuestra indianidad [...] La indianidad a más de ser una ideología viva, es un Ideal. El IDEAL de un pueblo, de un Continente en marcha hacia la conquista de su LIBERACIÓN[229].

A pesar de romper con las ideas comunistas y marxistas, Reinaga no abandona el aparataje conceptual del pensamiento de izquierda; precisamente habla de hacer una revolución, es decir, de romper con las estructuras vigentes para implementar otras nuevas. No obstante, se apropia de estos conceptos introduciéndoles una variante específica, acotándolos a la realidad y contexto de los

---

[227] Rivera Cusicanqui. Ob. cit.

[228] Reinaga. Ob. cit., 2007, p. 184.

[229] *Ibíd.*, pp. 76-77.

indígenas (con lo que no se aleja en esta idea de Mariátegui). Desde esta posición, Reinaga propone una diferencia conceptual entre indio e indígena. Para el autor, indígena es un concepto que designa a los que nacen en una región u otra, pero como tal no es un concepto imparcial, tiene una carga valórica, pues están los "hombres", los blancos europeos y yanquis, y los indígenas o "naturales" de África, Asia y América. Reinaga tempranamente introduce una historización al concepto de indígena, entregándole una configuración temporal y espacial, es decir, lo comprende como un concepto que cambia en el tiempo, según el lugar y que está dado por relaciones de poder. El concepto de indio, en tanto, también es aprehendido por Reinaga en un sentido histórico; él asume que se trata de un concepto resultante de una denominación colonial y racista, pero sostiene que en esta noción está la unión política que los indios requieren para su liberación. El autorreconocimiento de una determinada identidad étnica como diferencia cultural, es decir, autodenominarse como mapuche, aymara, quechua, maya, etc., solo conduciría, según el autor, a la fragmentación política y a una desarticulación social. La autodenominación de indios, por el contrario, los reúne histórica y políticamente, y es esa diferencia (y no una de tipo cultural) la que les entrega la fuerza, la que los visualiza como una mayoría. Al respecto dice Reinaga: "El sustantivo indio significa: una raza, un pueblo, una Nación, una cultura y una civilización"[230]. La reivindicación de este concepto así como la propuesta del indianismo, son también una respuesta al indigenismo, que Reinaga critica y pretende desplazar.

Transversal a su diagnóstico del problema indio y a las propuestas que desarrolla se encuentra el concepto de raza. Ha sido por esta idea y categorización construida desde Occidente para dominar, que los indios han sido oprimidos y es por eso que su revolución debe ser en clave racista. Esta idea también ha generado discusiones y acusaciones de un racismo invertido; sin embargo en sus propuestas la revolución tiene un fin liberacionista que aspira a una sociedad sin razas:

> Se nos oprime, se nos esclaviza, como raza. Se nos discrimina como raza. Nos matan de hambre porque somos indios. Nuestra opresión es racial; por tanto, nuestra Revolución tiene que ser racial. En Bolivia antes y primero está la lucha de razas que la lucha de clases [...] Mientras los blancos imponen la esclavitud, el indio lucha por la libertad. Su Revolución es libertaria; no esclavista. Los indios no buscan la muerte del cholaje; lo que ardientemente quieren los indios es: que el cholaje entienda la razón de la libertad del indio [...] Queremos, los indios, que el hombre no oprima ni esclavice al hombre por causa del color de su piel. Queremos que el hombre arranque y fundamente su valor, no

---

[230] *Ibíd.*, p. 136.

en el color de su pigmento, sino en el "contenido de su personalidad". Queremos que el hombre valga, no por el color de su piel, sino por su intrínseca personalidad[231].

Reinaga identifica un proceso histórico de racialización que los ha afectado negativamente, de modo que el horizonte de su lucha, el objetivo de la liberación, es una sociedad sin razas.

En 1971, en una época posmuerte del "Che" Guevara y con una fuerte efervescencia marxista, Reinaga publica *Tesis india*, un pequeño libro en el que vuelve a los temas mencionados, haciendo hincapié en la necesidad de un partido indio para alcanzar el poder del cual han sido excluidos. Dentro de las estrategias revolucionarias, así como no abandona las conceptualizaciones de izquierda para leer la realidad india, tampoco renuncia a las estructuras políticas de la sociedad latinoamericana general, como el partido, las centrales de trabajadores e incluso el Estado. El conocimiento sobre la sociedad india previa a 1492 le permite a Reinaga como a otros indianistas más adelante, establecer el Estado como un horizonte de poder deseable porque el Imperio Inca también consideraba un espacio territorial amplio y con funciones similares a los Estados nacionales contemporáneos. Pero, por otro lado, el Estado es deseable porque es la instancia de poder más importante dentro de un territorio en el que los indios constituyen una mayoría. En este sentido, Reinaga no estaría en contra de Occidente en sí mismo, ni de su gente o de sus instituciones, sino del pensamiento que albergan estas instituciones y los grupos en el poder. Esta diferencia sutil que no es explícita en sus obras, en las cuales muchas veces existe una idealización y esencialización de lo indio, se va manifestando en la medida que propone el indianismo como una necesidad ante la opresión y como la búsqueda de una sociedad sin exclusiones.

Ahora bien, es en el desarrollo del pensamiento indianista –aunque para algunos autores se trata de un tercer, último y distinto momento del pensamiento reinaguista– que Reinaga comienza a delincar una propuesta filosófica, que denomina el pensamiento amáutico o amautismo.

El pensamiento amáutico tiene un origen doble, pues por un lado se basa en la forma de vida del indio, en su relación con la tierra, la naturaleza, que según Reinaga asumen un modo complementario y no de control de esta última por parte del hombre. Además, sostiene este pensamiento en la tríada ética de los inkas *ama sua, ama llulla, ama quella* o no robar, no mentir, no ser ocioso, imperativo moral que guía la conducta de los indios andinos. Pero, por otro lado, es un pensamiento que se define como opuesto al pensamiento occidental, que

---

[231] *Ibíd.*, p. 125.

promueve la verdad, la libertad y el bien, y un estilo de vida sin esclavos, sin opresiones ni subyugación y, sobre todo, sin racismo.

Amauta en la lengua quechua y aymara se refiere al pensador, al creador y conductor de las ideas y que como tal tiene una función de guía para el grupo al que pertenece. En el libro de 1978, *El pensamiento amáutico*, Reinaga aborda la especificidad de este pensamiento y también repasa varios episodios de su vida, en un intento de analogía con los sabios de Occidente. Reinaga se reconoce amauta, pensador e intelectual indio, cuya misión es dar a conocer y entregar estas ideas a toda la humanidad. El amautismo se basa en la idea de comunidad, bajo la cual todos tienen cabida: "El rubio ario, el blanco latino, el traslúcido slavo, el mestizo de cualquier color, el mongol, el negro, el gringo, que piensan, sienten y actúan amáuticamente, cósmicamente, son INDIOS a plenitud"[232].

Esta propuesta de Reinaga sostengo que es parte del indianismo y no una etapa diferente, porque se trata de una radicalización del pensamiento indio. El amautismo perfectamente puede ser entendido como el horizonte utópico y universal de una sociedad cuyos hombres conviven en armonía con la naturaleza y con otros hombres, es decir, de una sociedad sin bombas atómicas ni guerras devastadoras, y, sobre todo, sin razas, que son elementos fundamentales de su propuesta indianista. Además, si bien el amautismo inunda la obra de Reinaga durante la década de 1980, en su último libro *El pensamiento indio* vuelve a retomar las ideas indianistas, insistiendo nuevamente en la necesidad de crear un pensamiento propio, de buscar alternativas de liberación originales y de establecer instancias políticas que ayuden a la consecución del poder; todo esto bajo un contexto de movimiento indígena que ya estaba en pleno desarrollo cuando él fallece en 1994.

La travesía que acabo de presentar por el pensamiento de Reinaga permite comprenderlo a él como un intelectual instruido, vinculado y en conocimiento de los autores y discusiones de cada época, no solo en su país, sino en América Latina, Europa, Asia y África. Asimismo, es posible sostener que existe vigencia en sus propuestas, como lo demuestran las reivindicaciones que actualmente elevan los movimientos indígenas de todo el continente. Y es que el indianismo y la revolución india a lo que deben conducir es a la liberación del indio, que no es otra cosa que la descolonización total. Si bien Reinaga desarrolla estas reflexiones a la luz de un contexto en el que se dialoga con la descolonización del África y Asia, lo cierto es que aplica estas ideas anticoloniales a una América Latina que formalmente se ha descolonizado, pero que mantiene en sus estructuras y relaciones sociales asimetrías basadas en la raza y heredadas de tiempos coloniales, atravesando todos los planos de la vida pública y privada. Su denuncia y sus propuestas, en ese sentido, son desestructuradoras.

---

[232] Reinaga. Ob. cit., 1978, p. 21.

Existen alrededor de treintaiuna publicaciones de Fausto Reinaga, pero ninguna de ellas se puede conseguir en las librerías de Bolivia o de otros países andinos. Fue un abogado, político e intelectual prolífico, que generó conocimiento, pero no se menciona en las universidades, no hay cátedras con su nombre, ni conmemoraciones políticas, sociales o culturales que reivindiquen su legado, ni siquiera en un contexto actual de logros y avances para los indígenas de la región andina[233], y a pesar de todo eso inspiró a una generación de líderes e intelectuales indios, sus obras entregaron un vocabulario crítico y original a la nuevas generaciones, a la vez que otorgaron un marco epistemológico desde el cual interpretar su realidad. Las conexiones del pensamiento de Reinaga con el indianismo de Bolivia, con el katarismo y con el indianismo de América Latina, son múltiples y coincidentes en varios niveles, y anteriores temporalmente a los principales hitos del movimiento indígena, de modo que resulta al menos curioso el silenciamiento en torno a su figura y su obra.

---

[233] Cabe mencionar que desde que se terminó de escribir este trabajo hasta su publicación, esta situación ha tendido a variar, pudiendo encontrarse actualmente diversos trabajos –desde artículos en revistas académicas hasta tesis– que revisitan sus aportes teóricos y una serie de actividades en las que se celebra su figura y su pensamiento, generalmente a nivel universitario.

TERCERA PARTE

PERSPECTIVAS COMPARADAS

CAPÍTULO 5
Encuentros y diálogos: la negritud y el indianismo como discursos identitarios

"Los pueblos oprimidos por un colonialismo descubrieron todos los colonialismos"
Pablo González Casanova, *Colonialismo interno* (una redefinición)

Luego del recorrido por el desarrollo de la negritud y el indianismo, es posible sostener que a pesar de las diferencias geográficas, temporales e históricas entre ambos, existen varios puntos de encuentro, sobre todo con respecto a sus diagnósticos, propuestas y las formas de autorrepresentación.

Un necesario punto de partida es el problema de definición que ambos presentan. En la literatura revisada para este trabajo la negritud y el indianismo aparecen como conceptos que tienen diversos significados, que apuntan a distintas interpretaciones de lo que los pueblos negros e indios de América Latina han puesto en marcha. La negritud y el indianismo, a la luz de los ojos contemporáneos, han sido parte de movimientos sociales, pues, aunque la negritud no alcanza la amplitud del movimiento indígena, ha existido movilización social en torno a sus propuestas, además de diversos grados de compromiso político, actividades programáticas, expresiones artísticas de distinta índole y, sobre todo, un profundo impacto societal que involucra a todos los sectores de la sociedad.

Pero la negritud y el indianismo no son en sí mismos movimientos sociales, sino que dan cuenta de solo una parte de estos, tanto porque su origen y desarrollo anteceden al movimiento social, como porque tal como lo indican sus conceptos aluden a un proceso en el que se va desarrollando un pensamiento propio, generalmente escrito y elaborado por intelectuales de ambos grupos, que involucra reivindicaciones políticas, sociales y culturales, pero sobre todo identitarias, las que se van articulando mediante un discurso que está presente en declaraciones públicas, ensayos literarios, poesía, revisiones históricas, entre otras producciones. La negritud y el indianismo son entonces discursos identitarios elaborados por sujetos negros e indios que desde una posición enunciativa determinada, la de sujetos subordinados, generan conocimiento en un contexto específico, reclamando al negro y al indio como los sujetos de su propia historia. Este es el primer encuentro entre la negritud y el indianismo, y es desde esa arista identitaria e intelectual que participan en la movilización social más amplia.

Ahora bien, el discurso como expresión identitaria, según el sociólogo chileno Jorge Larraín, tiene la capacidad de construir identidades altamente coherentes y articuladas, como por ejemplo las identidades nacionales. Una particularidad de esta perspectiva, que él denomina constructivista, es la instalación en el espacio público de las identidades, ignorando, según este autor, las complejidades del proceso identitario, ya que se descuidarían formas populares y privadas de vida, es decir, otros elementos y actores que también participan en la construcción de identidades[234]. En este sentido, el discurso como expresión identitaria privilegiaría entonces las posiciones enunciativas hegemónicas de la sociedad, las que se recrean, modifican y redefinen continuamente a la vez que son constantemente resistidas y desafiadas por esas otras voces dejadas al margen, que sin embargo, muchas veces son controladas, transformadas e incluso incorporadas a la lógica hegemónica[235]. Pero si bien la negritud y el indianismo han logrado instalarse en el espacio y debate públicos en la medida que su contenido tiene fuertes connotaciones políticas, absolutamente imbricadas e imposibles de desvincular de su contenido cultural, lo cierto es que lo han hecho cuestionando las prácticas y discursos hegemónicos de sus sociedades, ubicándose uno y otro en la vereda de los discursos contrahegemónicos. Este es el segundo encuentro entre la negritud y el indianismo.

Ambos discursos emergen en un contexto de clausura de todo tipo de disidencia. La negritud nace bajo un colonialismo clásico que durante siglos propugnó un discurso según el cual los negros colonizados eran inferiores, no poseían cultura propia, no tenían historia, tampoco gozaban de inteligencia y menos de derechos; el indianismo, por su parte, si bien surge en el contexto de los Estados nacionales, es decir, de países soberanos e independientes, lo hace denunciando la perpetuación de estructuras y prácticas sociales heredadas de tiempos coloniales y, peor aún, corregidas y aumentadas en tiempos republicanos, lo que sociológicamente se ha denominado colonialismo interno[236]. Pero no solo irrumpen bajo este sistema sino que lo hacen cuestionándolo. La negritud caribeña tempranamente se perfila como una respuesta a la situación de opresión cultural que el colonialismo ha sostenido por siglos en esa región y aunque la situación de colonialismo clásico cambia, por ejemplo en los territorios franceses del Caribe, la negritud se articula como la denuncia de parte de un grupo oprimido. La relación entre la negritud y la crítica al colonialismo es explícita en varias producciones de muchos de sus intelectuales. No así en el caso del indianismo, pues su denuncia al respecto muchas veces ha sido

---

[234] Larraín, Jorge. *Identidad Chilena*. Santiago: Ediciones LOM, 2001.

[235] Williams, Raymond. *Marxismo y Literatura*. Barcelona: Ediciones Península, 1980.

[236] González Casanova, Pablo. *Sociología de la explotación*. México: Siglo XXI Editores, 1978 (1969).

desestimada, dificultando la posibilidad de comprender cómo se ha sostenido un colonialismo al interior de países autónomos.

Si bien en las primeras etapas del discurso indianista no se utilizó directamente el concepto de colonialismo interno, aunque se hace referencia explícita a esta situación, más adelante este concepto es integrado al discurso como un elemento teórico central. Durante la década de 1960 Pablo González Casanova, sociólogo mexicano, retoma el concepto de colonialismo interno creado por el sociólogo norteamericano Charles Wright Mills, en un ambiente en el que se teorizaba desde las ciencias sociales sobre la situación de dependencia de los países de América Latina y los diversos grados y modos que esta asumía, y propone una definición de este. Según González Casanova:

> El colonialismo interno corresponde a una estructura de relaciones sociales de dominio y explotación entre grupos culturales heterogéneos, distintos. Si alguna diferencia específica tiene respecto de otras relaciones de dominio y explotación (ciudad-campo, clases sociales) es la heterogeneidad cultural que históricamente produce la conquista de unos pueblos por otros, y que permite hablar no solo de diferencias culturales (que existen entre la población urbana y rural y en las clases sociales), sino de diferencias de civilización[237].

En efecto, el indianismo identifica a sectores sociales racializados, criollos o mestizos, como los grupos que poseen una cultura distinta, pertenecen a otra raza y que son los que han heredado el poder colonial, transformándose en los nuevos conductores de los países independientes. Para González Casanova el colonialismo interno, al igual que el colonialismo clásico, se expresa en prácticas económicas de monopolio, pero también a través de la política, la cultura y las mentalidades, inundando todos los espacios de la sociedad. En un trabajo posterior en el que revisita y actualiza este concepto, señala que el colonialismo interno nace del fenómeno de la conquista en el que las poblaciones nativas no son exterminadas y pasan a ser parte del Estado colonial primero y del independiente después:

> Los pueblos, minorías o naciones colonizados por el Estado-nación sufren condiciones semejantes a las que los caracterizan en el colonialismo y el neocolonialismo a nivel internacional: habitan en un territorio sin gobierno propio; se encuentran en situación de desigualdad frente a las elites de las etnias dominantes y de las clases que las integran;

---

237 González Casanova, Pablo. "El colonialismo interno". *Sociología de la explotación*. México: Siglo XXI Editores, 1978 (1969), p. 240.

su administración y responsabilidad jurídico-política conciernen a las etnias dominantes, a las burguesías y oligarquías del gobierno central o a los aliados y subordinados del mismo; sus habitantes no participan en los más altos cargos políticos y militares del gobierno central, salvo en condición de "asimilados"; los derechos de sus habitantes y su situación económica, política, social y cultural son regulados e impuestos por el gobierno central; en general, los colonizados en el interior de un Estado-nación pertenecen a una "raza" distinta a la que domina en el gobierno nacional, que es considerada "inferior" o, a lo sumo, es convertida en un símbolo "liberador" que forma parte de la demagogia estatal; la mayoría de los colonizados pertenece a una cultura distinta y habla una lengua distinta de la "nacional"[238].

Ahora bien, más allá de las diferencias formales entre colonialismo clásico, neocolonialismo o colonialismo interno, tanto la negritud como el indianismo apuntan su crítica a las sociedades que se conforman a partir de una estructura de opresión que permite la existencia de grupos opresores y grupos oprimidos. En este sentido, la idea de colonialidad planteada por Quijano y revisada en el Capítulo 1 de este trabajo se torna fundamental, ya que se trata de un punto de concordancia en el cuestionamiento a un tipo de relaciones sociales y, por supuesto, a las estructuras de las cuales ellas emanan. Este es el tercer encuentro entre la negritud y el indianismo, discursos que además de contrahegemónicos son anticoloniales.

Pero, como antes se mencionó, estos discursos tienen como principal eje articulador a una identidad –negra o india– que busca revalorizar positivamente. Por ello no solo retoman el concepto de negro o de indio como autodefinición, sino que también repasan y relatan desde su perspectiva la historia de sus pueblos con el objetivo de dar a conocer a otros negros o indios y a la sociedad en general, que son parte de un sujeto o ente social que tiene determinadas particularidades. En el trabajo de revisión crítica y de investigación que estos discursos realizan, exploran aspectos de la vida cotidiana, no conformándose con reconstruir su vida pública mediante lo político por ejemplo, sino que abordan prácticas sociales y culturales vinculadas incluso al plano afectivo, a la vida privada, en parte con el fin de desmentir las características de inferiorización que comúnmente se les asigna. Por lo mismo, no se trata de discursos altamente cohesionados, contienen paradojas y modificaciones a lo

---

[238] González Casanova, Pablo. "Colonialismo interno (Una redefinición)". Atilio A. Boron, Javier Amadeo y Sabrina González (comp.). *La teoría marxista hoy. Problemas y perspectivas.* Buenos Aires: Consejo Latinoamericano de Ciencias Sociales - CLACSO, 2006, p. 410.

largo de su desarrollo; la identidad negra o india que se reivindica muchas veces pasa por momentos de fuerte esencialismo (la idea del negro conectado luego de siglos con la cultura africana en el caso de la negritud caribeña, o del indio impermeable a los cambios culturales en el caso del indianismo), mientras que en otros momentos aparece una identidad más vinculada a los procesos históricos y, por lo tanto, dinámica.

En este punto un tema importante es definir qué identidad es la que articulan. Sin duda, en la negritud como en el indianismo, lo que se postula es una identidad socialmente compartida, es decir, no se apela a una definición individual de lo que cada persona cree o dice ser, sino que se refieren a categorías socialmente compartidas por un grupo de personas a partir de las cuales se definen a sí mismos como al colectivo. La identidad a la que se apela en estos discursos supone:

> [...] la existencia de un grupo humano en el que su construcción es parte del proceso intersubjetivo de reconocimiento mutuo. La identidad colectiva remite entonces a una mismidad y diferencia compartida por un grupo, a un reconocimiento que los une entre ellos y que a la vez los separa del resto. Esa definición conjunta se expresa no solo en un imaginario común, sino también en formas materiales de existencia[239].

Ahora bien, la reivindicación de una identidad negra o india compartida se hace porque ambos discursos entienden que se trata de identidades oprimidas. Ya mencionamos que son discursos anticoloniales y, en ese mismo sentido, asumen que la construcción de la identidad negra e india no ha sido neutra, sino que se ha hecho mediante un acto de poder que las ha puesto en un nivel inferior, en términos de valoración social y cultural. Su lucha es revertir, discutir, replantear esa valoración, y eso es posible porque además las identidades colectivas son estratégicas, es decir, "son posiciones que se asumen en determinadas circunstancias, las que al modificarse generan también un cambio en el sentido de pertenencia predominante"[240]. Es por ello que son posibles la negritud y el indianismo, porque sus impulsores han podido asumir una posición en la estructura social, la de intelectuales –gracias a mecanismos de inserción y movilidad social como la educación– que han posibilitado un cambio de sentido en el modo de representarse. El negro y el indio, a partir de este cambio, se reivindican y proyectan como sujetos con historia, susceptibles de derechos, con

---

[239] Oliva, María Elena. *Identidad nacional estatal e identidades indígenas en Chile: una problematización en torno a la política de identidad y diferencia*. Tesis para optar al título de Socióloga. Santiago: Facultad de Ciencias Sociales, Universidad de Chile, 2007, p. 24.

[240] *Ibíd.*, p. 100.

inteligencia y capacidad de acción social, atributos que contradicen los discursos oficiales o dominantes sobre ellos.

Lo anterior plantea dos cuestiones de importancia. Por un lado el rol de la memoria en la revaloración de las identidades negras e indias y, por otro, si estas identidades, las que discuten la negritud y el indianismo, son nuevas o más bien se trata de una recuperación de identidades tradicionales.

La memoria es un elemento fundamental para comprender los procesos de construcción de identidades colectivas, ya que "no solo entrega elementos de continuidad, sino que además facilita elementos vinculantes a un mismo sentido de pertenencia y, bajo ese entendido, otorga sentido a la acción identitaria o a sus demandas"[241]. Al igual que la identidad, la memoria también está mediada por un acto de poder, que interviene en la decisión sobre lo que se recuerda y lo que se olvida. La negritud y el indianismo en el camino de una reconceptualización identitaria también emprenden una reinterpretación de las memorias oficiales y la construcción de sus propias memorias históricas, siendo esto último un ejercicio clave para la articulación de sus identidades. Ambos discursos se hacen cargo de episodios dolorosos, como la diáspora forzada y la esclavitud o las matanzas y reducciones indias, y a la vez glorifican tiempos pasados como la vida en África o la vida bajo los imperios precolombinos. La emotividad y la mistificación son dos aspectos estratégicos de la memoria que construyen estos discursos, ya que buscan visibilizar en la población general la presencia activa de estos grupos al tiempo de generar impacto y sentimientos de pertenencia en los grupos directamente interpelados.

Considerando estas demandas y a partir de lo expuesto en este capítulo, las identidades negras e indias que la negritud y el indianismo proponen no pueden ser dominantes; entonces ¿se trata de identidades de resistencia, es decir, que apelan a un negro e indio que ha conservado una identidad a través de los siglos o se trata de identidades nuevas, emergentes? El crítico inglés Raymond Williams señala que la complejidad de la cultura invita a entenderla como un proceso dinámico en el que participan, al mismo tiempo, elementos dominantes, residuales y emergentes. Lo residual, según el autor, es diferente a lo arcaico, vale decir, a lo formado y reconocido como parte de un tiempo pasado, pues lo residual si bien ha sido formado en el pasado, es un elemento activo del presente. Lo emergente, en tanto, implica relaciones, valores, prácticas y significados nuevos, propios del tiempo presente, que se pueden articular con lo dominante o intentar contrarrestarlo[242].

Si este análisis se traslada al plano de las identidades y particularmente al de las identidades negras e indias, existe la tendencia a comprenderlas como

---

[241] *Ibíd.*, p. 101.
[242] Williams. Ob. cit., pp. 143-149.

identidades residuales; sin embargo, y a pesar de que en algunos momentos de fuerte esencialismo parecieran indicar lo mismo, sostengo que las identidades negras e indias que la negritud y el indianismo elaboran son más bien emergentes.

Como se vio en el Capítulo 1, en América Latina la etnificación se aplica únicamente a los grupos indios y negros, que coincide con los grupos racializados de menor valoración. Esta conceptualización tiene un correlato que vincula a estos grupos con una cultura tradicional, lo que muchas veces les vale el calificativo de reservorios de una cultura diferente a la nacional, generando en el imaginario colectivo la idea del atraso de estos grupos, que justificaría los intentos civilizatorios, o la idea de que se trata de grupos originarios necesarios de conservar. De otro lado, la negritud y el indianismo, al echar mano a la memoria histórica de sus grupos, muchas veces también proyectan identidades esenciales, que parecieran permanecer estáticas en el tiempo, inalterables a los cambios sociales. Sin embargo, al hacer un análisis más detenido, de la negritud y del indianismo se desprende una figura distinta, una identidad que se construye con la memoria pero no en ella, proponiendo un nuevo sujeto, distinto al que esa memoria recupera; y no solo eso, se trata de sujetos negros e indios que efectivamente se integran de otra manera a la sociedad –desde su condición de negro o de indio y no mediante estrategias de blanqueamiento, por ejemplo– que establecen otro tipo de relaciones con la sociedad mayor –de paridad, desde la plataforma de la igualdad de derechos–, que proponen nuevas prácticas sociales –el fin de la discriminación, del racismo–, y sin duda plantean nuevos significados para comprender la sociedad en general. En este sentido se trata de identidades emergentes pues incorporan roles, prácticas y significados nuevos; el negro e indio que se proyectan en ambos discursos ya no se reconocen como parte de las razas serviles, sino como un nuevo actor social. Este es el cuarto encuentro entre la negritud y el indianismo.

Ahora bien, estos discursos se plasman en un trabajo escrito diverso, como pudimos ver en los Capítulos 3 y 4, que va desde ensayos históricos o manifiestos hasta poesías, entre otras expresiones, y que adquiere relevancia porque el texto en sí mismo se configura como un espacio de lucha, resistencia y búsqueda de una identidad particular. Estos discursos se transforman en un ámbito en el que negros e indios tienen la posibilidad de autorrepresentarse y con ello reconstruir su pasado y repensar su presente y futuro; con su propia voz dignifican su historia y al mismo tiempo denuncian la subordinación de la que han sido objeto y que, muchas veces, han introyectado. El negro y el indio en estos discursos no están siendo representados por otros, por sujetos de la sociedad dominante, sino que existe una autorrepresentación; son sus propios intelectuales quienes hablan en nombre de un conjunto mayor que se siente interpelado en tanto negro o indio, e identificado con las revisiones históricas, las denuncias, reivindicaciones y propuestas de lucha que estos discursos proponen.

El trabajo escrito de intelectuales negros e indios deviene sin embargo punto de conflicto para muchos de ellos, ya que, sin duda, el lenguaje y la escritura han sido o bien un privilegio para pocos o una vía de colonización que aseguraría la incorporación a la sociedad civilizada. No obstante y "calibanescamente", estos intelectuales han hecho del idioma colonizador una herramienta de denuncia y del trabajo escrito un lugar de enunciación estratégico, apropiándose de espacios y formas negadas para ellos. En este sentido, en la negritud como en el indianismo, a través del trabajo de sus intelectuales, se establece una diferencia entre cultura e identidad, diferencia siempre compleja sobre todo en un contexto de relaciones de colonialidad.

El intelectual y crítico literario palestino Edward Said ha abordado a lo largo de sus trabajos, entre otras cosas, la cultura, las formaciones identitarias y la idea de "otredad", sobre todo en sus textos *Orientalismo* (1978) y *Cultura e imperialismo* (1993). En esta última obra, Said señala:

> Las culturas no son impermeables; así como la ciencia occidental tomó cosas de los árabes, ellos las tomaron de los indios y los griegos. La cultura no es nunca cuestión de propiedad, de tomar y prestar con garantías y avales, sino más bien de apropiaciones, experiencias comunes, e interdependencias de toda clase entre diferentes culturas[243].

En este sentido, las lenguas, los objetos y las prácticas sociales son parte de una cultura determinada en la medida que un grupo humano establece relaciones con ellos. La cultura es ese modo de vinculación, el conjunto de relaciones entre los elementos de una cultura y las personas que se los apropian, por lo tanto, la cultura es dinámica, cambia según las coordenadas de tiempo y espacio, además de asumir diferentes valoraciones. Esta perspectiva permite entender la cultura como un espacio en el que el poder y las ideologías también entran en juego; es por ello que existen culturas valorizadas positivamente, como la occidental, y otras que a lo largo de la historia han sido inferiorizadas, como las culturas negroafricanas, las afrocaribeñas, las indígenas americanas y, en general, las colonizadas.

Las culturas colonizadas sufren un proceso de desvalorización y deslegitimación permanente, a través de omisiones, desplazamientos e imposiciones provenientes del grupo que domina. Ante esa situación, a los grupos colonizados les quedan dos caminos a seguir: imitar la cultura colonizadora –y solo imitar pues nunca llegarán a alcanzar la cultura del colonizador, desde la perspectiva de este último– o resistir desde su trinchera cultural. Esa resistencia muchas veces impone una identidad que no acepta en su construcción elementos culturales ajenos, lo que implica fijar la identidad.

---

[243] Said, Edward. *Cultura e imperialismo*. Barcelona: Anagrama, 1996 (1993), p. 337.

En efecto, una parte importante de la crítica a la negritud y al indianismo, sobre todo en el caso del primero, es que sus más destacados intelectuales y elaboradores no hayan optado por el *créole* en el caso de la negritud, o por el aymara o quechua en el caso del indianismo para difundir sus trabajos, y lo han hecho utilizando el lenguaje colonizador francés y español, respectivamente. Más allá del hecho que el *créole*, aymara y quechua son lenguas orales, aunque en las últimas décadas se ha avanzado en su escritura, estas críticas contienen implícitamente la exigencia de un vínculo entre cultura e identidad, en el que la segunda esté absolutamente determinada por la primera. Pero la identidad, en tanto proceso dinámico, supone múltiples sentidos de pertenencia y alteridad, pues como sostiene el intelectual jamaiquino Stuart Hall, "las identidades [...] nunca son singulares, sino construidas de múltiples maneras a través de discursos, prácticas y posiciones diferentes, a menudo cruzados y antagónicos"[244]. Es por ello que:

> [...] la resistencia no consiste solamente en "descubrir" la identidad y la cultura propia, sino en abrir espacios cerrados por la ideología colonial para entender el presente y desnaturalizar esa ideología, emprender un viaje hacia el pasado para encontrar fragmentos de lo que fue negado y arrebatado. Es aquí donde se produce un doble movimiento en torno a la lengua: habitar aquella que se comparte con los colonizadores y recuperar las que han sido proscritas o confinadas a espacios sociales reducidos[245].

La negritud y el indianismo han entendido que justamente al habitar la lengua de los colonizadores toman en sus manos una herramienta de lucha trascendental para sus afanes descolonizadores. No obstante lo anterior, parte de las críticas a esa opción provienen de otros intelectuales negros e indios que señalan preferir destinar sus esfuerzos a la recuperación de sus lenguas, de modo que el atrincheramiento en la resistencia cultural es, muchas veces, autoimpuesto.

Sin embargo, esas críticas también provienen de otros sectores sociales que esperan que negros e indios sean "sujetos culturalmente puros, que cumplan con parámetros de autenticidad cultural atemporales y externos"[246]. Y es que cuando se trata de grupos racialmente inferiorizados y/o en un contexto de colonialidad, el otro o la alteridad que es un componente de toda identidad, se

---

244 Hall, Stuart. "Introducción: ¿Quién necesita identidad?". Stuart Hall y Gay, Paul du (comps.). *Cuestiones de Identidad Cultural*. España: Amorrortu Editores. 1996, p. 17.

245 Zapata, Claudia. "Edward Said y la otredad cultural". *Revista Atenea* 498. II semestre, 2008, pp. 62-63.

246 *Ibíd.*, pp. 57-58.

exotiza, se inmoviliza y se traslada a los márgenes de la sociedad. La negritud y el indianismo se plantean contra esa "otredad cultural", no solo a través de la denuncia de la construcción histórica de esa diferencia, sino también mediante la utilización del lenguaje de los que los dominan, estableciendo diferencias entre el eurocentrismo y la cultura europea o entre los grupos de poder de Europa o Estados Unidos y sus pueblos, y sobre todo cuando proponen, ambos discursos, alcanzar sociedades sin razas, en las que por supuesto no tendría cabida el desplazamiento y la subordinación de unos sobre "otros". Considerar las identidades negras e indias como identidades emergentes que se plantean críticamente al proceso de racialización, de creación de "otros", es el quinto encuentro entre la negritud y el indianismo.

Pero también ha habido diálogo. El indianismo ha hecho referencia a la lucha descolonizadora de los pueblos negros –y no al revés, en buena medida por la temporalidad en la que se desarrollan– en más de una oportunidad. Por ejemplo, el MINK'A en su documento *Pueblo indio: Ultrajado, pero no vencido*, de 1975, señala a propósito de las condiciones de sometimiento cultural en las que se encuentran, que:

> [...] gobiernos, científicos, misiones religiosas se han ocupado lamentablemente de la destrucción sistemática de nuestra cultura y de nuestros nombres mismos. Esta injusticia que pesa sobre el indio es común, pero no nos olvidamos de los hermanos negros y toda la clase explotada[247].

La articulación continental que caracteriza al indianismo (panindianismo) es superada, al menos discursivamente, en pos de una solidaridad con los oprimidos que incluye el reconocimiento de los negros. Ahora bien, esta identificación fue facilitada también por los procesos de descolonización que afectaron durante toda la década de 1960 a buena parte de África y también al Caribe inglés en América.

Por otro lado, en varios textos de Fausto Reinaga también se menciona este vínculo, particularmente con uno de los críticos de la negritud. El precursor del indianismo no solo conoce este discurso, sino que establece un diálogo con Frantz Fanon, citándolo y haciendo múltiples referencias a su trabajo en varias de sus producciones, reconociendo en él a uno de los primeros intelectuales en hacer un llamado a repensar las categorías de raza impuestas y creadas por la Europa imperialista. En su libro *El indio y los escritores de América Latina* Reinaga reproduce íntegramente el trabajo que Fanon presentó en el Primer

---

[247] MINK'A. "Pueblo indio: Ultrajado, pero no vencido", 1975. Bonfil Batalla. Ob. cit., 1981, p. 240.

Congreso de Escritores y Artistas Negros en París, en 1956, titulado *Racismo y cultura*, el que prosigue con una breve reflexión en la que señala que "la tesis [de Fanon] es sencillamente maravillosa. Nadie como el negro genial nos puso tan al desnudo la trampa racista del humanismo occidental. Veamos con esta luz a América"[248].

Los diálogos intertextuales, aunque han sido escuetos y unidireccionales –al menos los aquí revisados– no dejan de ser interesantes por cuanto evidencian puntos en común que ya hemos tratado. Sin embargo, su escasez abre el espacio para preguntarse por qué esta falta de comunicación. Y he aquí una cuestión relevante: la circulación de estas ideas es precaria, difícil y muchas veces considerada peligrosa en cuanto a los contenidos que transmite, generando desvinculaciones en el campo intelectual latinoamericano.

No deja de ser curioso que en América Latina los principales y más destacados intelectuales no tengan un origen o bien no sean reconocidos como pertenecientes a grupos indígenas o afrodescendientes. Una respuesta a esta ausencia puede ser la pobreza que afecta a estos grupos y que por tanto incide en el acceso a la educación; otra respuesta puede ser la omisión de este origen, que no se asume ni identitaria ni políticamente. Sin embargo, para el caso de los intelectuales de la negritud y el indianismo pareciera ser más preciso recordar la pregunta que hace ya años antes realizó la intelectual bengalí Gayatri Spivak: ¿puede hablar el subalterno?[249], pues en el caso de sus más importantes intelectuales, sí tuvieron acceso educacional y sí asumen su origen, entregándole una valoración política a su identidad.

En términos generales ha existido la tendencia a relegar la participación de sujetos indígenas y afrodescendientes a ámbitos de la cultura más ligados a lo que supuestamente no sería racional, como la danza, la oralidad o los rituales religiosos, y no tanto a los espacios letrados. Sin ánimo de deslegitimar estos espacios y prácticas culturales, lo cierto es que esta vinculación sesgada ha entorpecido las posibilidades de considerar a sujetos subalternos y racializados en ámbitos intelectuales de producción escrita. Este velo ha tendido a generar dos tipos de respuestas a la no participación de estos sujetos en el campo intelectual: una centrada en los prejuicios históricos asociados a ellos, relativos a la flojera, a su incapacidad intelectual y a su irracionalidad, y otra, de corte posmoderno, que hace hincapié en el choque de culturas, enfatizando en el hecho de que la escritura no corresponde al universo cultural de estos pueblos, sino al occidental, ubicándolos inmediatamente fuera de la modernidad. Pero, como se ha expuesto, han sido intelectuales negros e indios quienes han puesto en

---

[248] Reinaga. Ob. cit., 1969, p. 240.

[249] Spivak, Gayatri Chakravorty. "¿Puede hablar el subalterno?" (1989). *Revista Colombiana de Antropología*, Vol. 39 (enero – diciembre), 2003, pp. 297- 364.

marcha y desarrollado los discursos de la negritud e indianismo, de modo que si la escritura está ligada al campo intelectual y este a su vez a la modernidad, los negros e indios de Latinoamérica no pueden simplemente encontrarse fuera de ella. En este sentido, Spivak tiene razón al poner en duda no la existencia del relato, sino la posibilidad de los sujetos subalternos de construir un relato legitimado dentro de la narrativa histórica capitalista; efectivamente ha existido un silenciamiento en torno a ellos, que también es posible encontrar en el campo intelectual.

El sociólogo francés Pierre Bourdieu, a propósito del campo intelectual, señala que este consiste en un:

> […] sistema de interacciones entre una pluralidad de instancias, agentes aislados, como el creador intelectual, o sistemas de agentes, como el sistema de enseñanza, las academias o los cenáculos, que se definen, por lo menos en lo esencial, en su ser y en su función, por su posición en esta estructura y por la autoridad, más o menos reconocida, es decir, más o menos intensa y más o menos extendida, y siempre mediatizada por su interacción, que ejercen o pretenden ejercer sobre el público, apuesta, y en cierta medida árbitro, de la competencia por la consagración y la legitimidad intelectuales[250].

Para este autor el campo intelectual es una red dinámica de relaciones en las que participan diversos actores, que tiene una autonomía relativa en términos de su funcionamiento y de aquello que está en disputa (la consagración y legitimidad intelectual), y que se encuentra atravesado por variables de poder. A lo largo de la historia y en la medida que las creaciones culturales e intelectuales se fueron desvinculando de mecenas, reyes y otros benefactores, el campo intelectual va estableciendo sus propias normas independientemente de otros campos presentes en la sociedad. Bajo esta idea puramente teórica no debiesen existir silenciamientos en el campo intelectual; sin embargo hay prácticas y tipos de relaciones sociales que permean su desarrollo y que hacen que este campo no esté ajeno a determinados rasgos de la sociedad en la que se inscribe, como las relaciones de colonialidad y las prácticas racistas presentes en las sociedades latinoamericanas. Dicho de otro modo, el campo intelectual se inserta en un contexto determinado y bajo ejes específicos de tiempo y espacio.

En el caso latinoamericano, ha sido el crítico uruguayo Ángel Rama quien más sistemáticamente ha trabajado el campo intelectual, que él ha denominado ciudad letrada. Sin pretender aquí profundizar en ambas conceptualizaciones,

---

[250] Bourdieu, Pierre. *Campo de poder, campo intelectual. Itinerario de un concepto.* Buenos Aires: Editorial Montressor, 2002 (1966), p. 31.

es interesante notar cómo ambas nociones remiten a ideas similares. La ciudad letrada para Rama es un espacio construido en el tiempo, en el que confluyen escritores que han hecho de este un ámbito relativamente autónomo de otros ámbitos de la sociedad. Internamente se trata de un espacio diverso, en el que han existido convergencias y tensiones entre sus miembros, como estrechamientos y distanciamientos con las instancias de poder, pero que en ningún caso ha permanecido ajeno a este último. En América Latina la ciudad letrada o el campo intelectual ha sido a veces cómplice de los poderes, legitimando todo tipo de opresiones, mientras que en otros tiempos ha sido crítica de estos. Con respecto al tema que nos convoca, resulta pertinente la siguiente observación de Rama:

> La ciudad real era el principal y constante opositor de la ciudad letrada, a quien esta debía tener sometida: la repentina ampliación que sufrió bajo la modernización y la irrupción de las muchedumbres, sembraron la consternación, sobre todo en las ciudades atlánticas de importante población negra o inmigrante, pues en la América india el antiguo sometimiento que la Iglesia había internalizado en los pobladores seguía sosteniendo el orden[251].

Si bien Rama no trabajó puntualmente la situación de las poblaciones etnificadas y racializadas de América Latina en la ciudad letrada, en la cita recién expuesta deja entrever que, como en otros espacios sociales, se encontraban marginados de ella. Las excepciones, por cierto, siempre existen, pero en una región con alta población indígena y afrodescendiente no deja de sorprender. En este sentido, la estructura de racialización también permea el campo intelectual latinoamericano, el cual no está exento de prácticas racistas o relaciones de subordinación basadas en concepciones raciales, y si en algún momento histórico lo está —ya sea porque sus miembros son más críticos de este tipo de prácticas o porque están configurados como un grupo más abierto— otros mecanismos sociales dificultan la incorporación de estos sujetos al campo intelectual: la falta de acceso a educación —sobre todo a los niveles superiores— o las prácticas de legitimación académica que están vinculadas a lo primero (certificaciones de estudio, el paso por instituciones de prestigio, investigaciones, publicaciones, etc.) y que muchas veces actúan como mecanismos de clausura para el ingreso de estos sujetos a la ciudad letrada.

La negritud y el indianismo dan clara cuenta de esta situación, pues no solo son discursos elaborados en torno a la crítica de todo tipo de opresión, sino que en sí mismos, en tanto producciones escriturales de sujetos letrados, encarnan una crítica puntual al campo intelectual. En efecto, estos discursos

---

[251] Rama, Ángel. *La ciudad letrada*. Santiago de Chile: Tajamar Editores, 2004 (1984), p. 122.

no han estado libres de los reparos que soslayan el aporte intelectual para sostenerse en acusaciones que enfatizan el esencialismo identitario o racial de sus propuestas o demandas. Ahora, desde otro punto de vista, la negritud y el indianismo permiten demostrar que en el campo intelectual latinoamericano la producción letrada india o negra, asumiendo esa condición, ha existido durante gran parte del siglo XX, de modo que, aunque esté intervenida por prácticas de colonialidad y racismo, la ciudad letrada no está absolutamente colonizada por estos patrones.

Césaire y Reinaga han sido consignados en este trabajo como los principales impulsores de ambos discursos, además de intelectuales en cuanto al rol que cumplieron en su elaboración. ¿Cómo entender entonces esta situación?, pues se trata de sujetos que pertenecen a poblaciones subordinadas y que, no obstante, son parte del campo intelectual y por tanto de la modernidad. Una opción sería aproximarse a esta doble condición desde la idea de liminalidad, es decir, desde una posición que está siempre en un espacio intermedio, en los bordes, que no permite a los sujetos que están en ella pertenecer totalmente ni a un lado del margen ni al otro[252]. Pero la subordinación de pueblos y la racialización de grandes contingentes humanos han sido parte del proceso de la modernidad, pues se trata de dinámicas dialécticas: la libertad no se entiende sin opresiones, la igualdad sin diferencias y la superioridad sin inferiorizados. Por ello, más que en los límites, es en los intersticios que la modernidad y sus estructuras dejan donde hay que detenerse para entender la situación de intelectuales negros e indios. Volver la mirada a las trayectorias de Césaire y Reinaga permite indagar en ese sentido, ejercicio que se posibilita en el cruce entre biografía e historia, que a continuación se desarrollará.

---

[252] Bhabha, Homi. *El lugar de la cultura*. Buenos Aires: Manantial, 2002.

CAPÍTULO 6
De trayectorias colonizadas e intelectuales situados: Césaire, Reinaga y el pensamiento anticolonial

> "La obra del hombre apenas ha comenzado
> Y al hombre le queda por conquistar toda prohibición inmovilizada en los rincones de su fervor
> Y ninguna raza posee el monopolio de la belleza, de la inteligencia, de la fuerza
> Y hay cabida para todos en el lugar de reunión de la conquista"
>
> AIMÉ CÉSAIRE, *Cuaderno de un retorno al país natal*

> "¿Qué Hacer?
> Y aquí vino la respuesta.
> Sacar a Cristo y a Marx de la mente del hombre. Sacar a Cristo y a Marx del cerebro humano, y poner otro pensamiento"
>
> FAUSTO REINAGA, *¿Qué hacer?*

Los capítulos 3 y 4 de este trabajo, que se han abocado al desarrollo de la negritud y el indianismo respectivamente, han sido presentados en sentido inverso, es decir, mientras la negritud se trabajó cronológicamente desde sus orígenes hasta sus influencias más actuales, el indianismo siguió el curso contrario, comenzando desde el movimiento indígena actual para ir escarbando hasta llegar a una de sus primeras elaboraciones. Y esto porque, en primer lugar, la negritud como tal ya no está completamente vigente, es un discurso que ha dado paso a otras discusiones que en términos identitarios están más legitimadas; no obstante, con esto no se quiere decir que la negritud es palabra muerta o que esté cancelada, ya que es un referente indiscutible y necesario si se trata de estudiar temas sobre identidad afrodescendiente tanto en el Caribe como en toda América Latina. En este sentido se trata de un discurso que se reelabora en las continuas apropiaciones que se hacen de él, pero que como tal ya no tiene tanta fuerza movilizadora.

Por el contrario, el indianismo es un discurso identitario que está en pleno desarrollo. La importancia y fuerza social del movimiento indígena ha hecho del indianismo un discurso activo, movilizante y heterogéneo, que se despliega por toda Latinoamérica. En este trabajo el esfuerzo se centró en una parte de este discurso originado en la región andina, que ha permitido retroceder en este proceso y encontrar las primeras producciones intelectuales en torno al indianismo, al menos unos quince años antes de los inicios del movimiento indígena actual, fechado en los años 1980. La vigencia o, mejor dicho, la contemporaneidad de este discurso, engaña en su temporalidad haciendo parecer que se trata de una elaboración muy reciente, y si bien una parte lo es, lo cierto es que otra parte tiene una data mayor; de ahí la necesidad de retroceder en su búsqueda.

En segundo lugar, el ejercicio del sentido inverso permite ver cómo la negritud cesairiana y el indianismo de Reinaga en algún momento se topan; momento que no es cualquiera y que coincide con el diagnóstico de una Europa moralmente indefendible luego de los horrores de la Segunda Guerra Mundial y con los análisis más agudos que estos autores hicieron sobre sus realidades. El *Discurso sobre el colonialismo* y *La revolución india* son los textos que marcan un punto de inflexión en el pensamiento de ambos autores, en el sentido que la negritud y el indianismo a partir de entonces asumen un carácter distinto, más propio y conectado a sus contextos inmediatos, y por supuesto crítico de toda práctica colonial. Durante los años 1950 y 60, Césaire y Reinaga sin conocerse se encuentran a través de su pensamiento, coinciden en sus argumentos anticoloniales y dimiten del comunismo partidario como opción libertaria.

La trayectoria de ambos intelectuales es similar en varios aspectos. Césaire y Reinaga tuvieron acceso a la educación primaria, secundaria y superior, lo que implicó no solo que se desmarcaran del destino servil comúnmente asignado a sujetos negros e indios, sino que además se desplazaran de sus lugares de origen para poder estudiar. El viaje y la vida en París como los traslados y estadías en las principales ciudades de Bolivia, fueron determinantes en las reflexiones de Césaire y Reinaga, las que están cruzadas por las experiencias vitales de cada uno. Esta movilidad permitió la puesta en contacto con otras realidades, a veces distintas y otras similares, que fueron nutriendo y delimitando la forma de mirar y comprender los procesos sociales que afectaban a las sociedades de las cuales provenían.

Esta experiencia diaspórica se va a plasmar en varias de sus producciones. Por ejemplo, el racismo al que se enfrenta Césaire en la metrópoli al tiempo que comparte la experiencia colonial con otros estudiantes provenientes de colonias francesas, tomará cuerpo años más tarde en el *Cuaderno de un retorno al país natal*, mientras que en el caso de Reinaga es en *El indio y el cholaje boliviano* donde más dará cuenta de experiencias de discriminación y racismo sufridas a lo largo de su existencia. Y es que la vida de estos intelectuales no está desligada de su obra; su producción escritural responde a la trayectoria que estos sujetos han tenido, y en ese sentido se hace imposible separar el texto resultante de sus reflexiones con el contexto en el que surgen a la luz pública. La relación entre la vida de estos intelectuales, el texto que producen y el contexto al que remiten, es muchas veces explícita; no obstante, dicho vínculo no es una construcción plenamente coherente, pulcra y cohesionada. Por el contrario, numerosas críticas les reclaman inconsistencias políticas, privadas e intelectuales en los discursos por ellos elaborados, a la vez que les exigen una correspondencia absoluta entre dichas dimensiones.

En el libro *Diez tesis sobre la crítica* (2001), el intelectual chileno Grínor Rojo propone una aproximación amplia al texto, entendido como un espacio en el que confluyen diversos discursos además de distintas plataformas de comunicación más allá de la escritura alfabética. Según Rojo, un texto es:

> [...] el continente que rodea y encierra a la totalidad significativa que nosotros deseamos comunicar, cualquiera sea la indumentaria semiótica que el mismo adopte [Además] un texto puede (y suele) alojar en su interior a más de un discurso [los que] no tienen que vivir en paz entre ellos. Pueden ser y son a menudo, discursos antagónicos[253].

Esta propuesta de comprensión integral de un texto permite relacionarlo con su contexto inmediato no solo considerando su fecha de publicación, y por lo tanto los procesos sociales de ese momento histórico, sino que ponerlo en relación con el sistema de pensamiento de un periodo determinado; sistema que es dinámico y que siempre está en diálogo con viejas tendencias y propuestas emergentes, razón por la cual es posible incorporar las complejidades, coherencias y contradicciones que conforman todo texto y sus discursos. En efecto, en el capítulo anterior se planteó que tanto la negritud como el indianismo son discursos identitarios que no son plenamente coherentes, lo que se ejemplifica a través de las elaboraciones que Césaire hace de la negritud y Reinaga del indianismo. Al recorrer las producciones de estos autores es posible dar cuenta de los cambios a los que se ven enfrentados, del desarrollo que ha tenido su pensamiento, como también de las tensiones e incluso contradicciones que albergan. Y es que el discurso que tanto Césaire como Reinaga elaboran es complejo y dialoga con diversos intelectuales, ideologías, poderes y apropiaciones culturales. En el desarrollo de estos, un punto crucial y común fue la Segunda Guerra Mundial y sus consecuencias, permitiéndoles a ambos afinar y afirmar sus críticas al rol de Europa y su pensamiento en las condiciones de subordinación en que uno y otro se encontraban. Así, mientras para Césaire Europa ha dado cuenta de su pérdida de legitimidad ética, para Reinaga el pensamiento europeo no puede ni debe seguir siendo el faro que ilumina al pensamiento latinoamericano, y particularmente al pensamiento indio, pues ha quedado demostrado, según él, que solo lleva a la decadencia.

Ahora, la relación entre vida y obra de ambos intelectuales no consiste en una simple correspondencia supeditada a su condición de subordinación racial, es decir, no por ser negro o indio el trabajo intelectual de estos tiene que hacer

---

[253] Rojo, Grínor. *Diez tesis sobre la crítica*. Santiago: LOM Ediciones, 2001, p. 23.

siempre referencia a su vida personal o a sus experiencias de subalternización para alcanzar legitimidad intelectual. Si bien en sus trabajos, sus reflexiones y críticas tienen relación con la condición de opresión experimentada, lo cierto es que se trata de una opción y no de un vínculo espontáneo, pues no todos los intelectuales indígenas o afrodescendientes realizan su trabajo intelectual asumiendo esa identidad y/o haciendo del texto un espacio político. En este sentido, Césaire y Reinaga deben ser entendidos como intelectuales críticos que asumen su reflexión desde una posición determinada, la de sujeto negro e indio, desde la cual interrogan y analizan el mundo que los rodea; delimitación fundamental para entender el rol político que ellos jugaron, pues el modo en que se representan permite establecer ese lugar de enunciación común, en este caso, de sujetos subordinados.

En el libro *Representaciones del intelectual* (1996), Edward Said revisa críticamente los diversos tipos de intelectual, como también las prácticas y los ámbitos de acción de estos. Desde su perspectiva, para comprender la figura del intelectual es necesario combinar tanto las particularidades del contexto del cual son parte –por ejemplo, si se trata de intelectuales de un país colonizador o colonizado– con ciertas características universales –como entender que el sentido del intelectual es representar a un grupo o a una sociedad en su conjunto. A partir esta doble condición se aproxima a una idea de intelectual entendido como "un individuo con un papel público específico en la sociedad […] dotado de la facultad de representar, encarnar y articular un mensaje, una visión, una actitud, filosofía u opinión para y a favor de un público"[254]. Se trata, por tanto, de intelectuales situados y vinculados con sus condiciones históricas y la sociedad en la que escriben y a la cual dirigen su obra. El compromiso con lo que publican y la independencia de criterio son aspectos fundamentales de su rol como intelectuales, más allá de las presiones por parte de grupos de poder, de los medios de comunicación y de la opinión pública.

Esta definición que nos entrega Said va mucho más allá de la idea de vanguardia o liderazgo, ya que se plantea como una función social, que adquiere la mayor relevancia cuando se piensa en relación a intelectuales pertenecientes a sociedades oprimidas; dice Said: "La función del intelectual consiste en presentar narraciones alternativas de la historia y otras perspectivas sobre la misma diferentes de las ofrecidas por los litigantes que defienden la memoria oficial y la identidad y la misión nacionales"[255]. El concepto de intelectual que Said nos entrega es el que mejor se acomoda a la trayectoria de Césaire y Reinaga, pues

---

[254] Said, Edward. *Representaciones del intelectual*. Barcelona: Editorial Paidós, 1996, pp. 29-30.

[255] Said, Edward. "La función pública de los escritores e intelectuales". *Humanismo y crítica democrática. La responsabilidad pública de escritores e intelectuales*. España: Random House Mondadori, 2006, p. 168.

ellos asumen la representación de un conjunto social, los negros y los indios, con un compromiso ético que se expresa en la denuncia de su subordinación histórica, y con un sentido crítico ajeno a las presiones del poder, incluso bajo contextos de dominación. Además, en ambos no solo está presente la visión crítica de la sociedad sino también la función pública como intelectuales, tanto porque Césaire y Reinaga publicaron sus obras con el fin de compartirlas y difundir sus ideas en la sociedad, como porque dedicaron parte de su vida a la actividad política.

Resulta interesante el hecho de que ambos pertenecieran al Partido Comunista y que sin embargo hayan renunciado a él en la década de 1950, señalando públicamente sus razones en algunos de sus escritos y arguyendo la incapacidad del partido para hacerse cargo de una posición política y ética ante el problema de los negros colonizados en un caso y de los indios dominados en el otro. Recorriendo diferentes caminos, estos intelectuales logran dilucidar la trampa que puede significar el subsumir sus demandas particulares a las del proletariado, con el que sin duda comparten reivindicaciones. Este distanciamiento, que vale recordar no fue ideológico sino más bien partidario, les permitió emprender reflexiones mucho más autónomas y dirigidas no solo a un bloque de la sociedad, sino a esta en su conjunto.

De hecho, otro aspecto que Said destaca dentro de su definición de intelectual es que, sin perder especificidad, este conecte con sentido crítico lo que ocurre en su realidad inmediata con la realidad de otras latitudes, en una actitud comprometida más allá de sus fronteras. Al respecto, señala Said:

> Al intelectual le incumbe, creo yo, la tarea de universalizar explícitamente la crisis, de darle un alcance humano más amplio a los sufrimientos que haya podido experimentar una nación o raza particular, de asociar esa experiencia con los sufrimientos de otros[256].

Dicho de otro modo, el intelectual debe compatibilizar la difícil relación entre particularismo y universalismo. En los discursos de Césaire y Reinaga, esta relación se encuentra tensionada, pues, en el intento de dar cuenta de una identidad, es siempre delgada la línea que separa lo que reúne a unos cuantos de lo que reúne a toda la humanidad. Así, mientras a Reinaga se lo ha criticado por promover el sectarismo racial, acusándolo de, simplemente, invertir los términos valorativos y perderse en un particularismo identitario, a Césaire se lo ha cuestionado por impulsar la idea de un universalismo negro que pasa por alto especificidades temporales, sociales y políticas. Sin embargo, y a pesar de las dificultades para equilibrar la balanza, sostengo que tanto Césaire como

---

[256] *Ibíd.*, 1996, p. 57.

Reinaga están lejos de un atrincheramiento particularista y de un universalismo diluyente, ya que en los discursos que ellos elaboran se defiende una singularidad oprimida por un sistema que involucra a toda la humanidad. Las críticas que ambos intelectuales efectúan mediante la negritud y el indianismo están dirigidas a un modo de vivir en sociedad, al sistema colonial o de colonialidad imperante en el mundo y a cómo este sistema ha creado y perpetuado relaciones sociales discriminantes.

Es por ello que, transversal a sus diagnósticos y propuestas está el humanismo como base ética, como imperativo moral para la construcción de un mundo sin razas, sin colonialismo y, más allá aún, de un mundo donde el hombre no oprima ni explote a otros hombres. La negritud cesairiana y el indianismo de Reinaga coinciden en la necesidad de una sociedad sin explotaciones, y en esa medida apelan no solo a los pueblos oprimidos sino también a los opresores para buscar los caminos conducentes a dicho horizonte. Dice Césaire:

> […] lo universal sí […] pero no por negación, sino como profundización de nuestra propia singularidad. Mantener el rumbo de la identidad […] no es ni dar la espalda al mundo ni romper con él; no es ni hacer ascos al futuro ni hundirse en una suerte de solipsismo comunitario o en el resentimiento. Nuestro compromiso tiene solo sentido si se trata de un reenraizamiento, esto es cierto, pero también de una expansión, de una superación y de la conquista de una nueva y más amplia fraternidad[257].

La negritud cesairiana manifiesta una actitud conciliante, de reencuentro de una humanidad fragmentada. No se busca castigo o revancha, sino demostrar que se han cometido errores que son posibles de superar solo en la medida que el modo de vivir en sociedad cambie. En otras palabras y en términos totalmente actuales, la negritud de Césaire propuso el respeto a las diferencias y la búsqueda de la articulación política de la diversidad.

También el indianismo reinaguista se encamina en esa dirección. El amautismo, entendido como un pensamiento y una filosofía de vida, una forma de relacionarse con el mundo que nos rodea, con la naturaleza y otros hombres, es una invitación abierta, hecha a la humanidad en su conjunto, que intenta plantearse como una alternativa de construcción de sociedad sin razas, sin oprimidos de ningún tipo. Según Reinaga:

---

[257] Césaire. "Discurso sobre la Negritud. Negritud, etnicidad y culturas negroafricanas" (1987). Ob. cit., 2006, p. 91.

> [...] dentro de la filosofía amáutica, no hay ni sombra de racismo. Ni en la lengua maya, aymara ni qheswa existe la palabra raza. El indio ni como pensamiento ni como voluntad ni como acto es racista. Europa es quien ha clavado en el cerebro indio el concepto raza. Es la fiera blanca, quien ha enseñado el odio racial al indio de América, al negro de África y al mongol de Asia. El blanco conquistador es quien ha impuesto en el cerebro del indio de América, el tumor maligno de la escala racial de valores. El racismo indio no es odio al blanco, es odio a sus cadenas. Cuando el indio lucha contra el blanco, lucha por su libertad. La libertad es el valor vital para el indio. El color del cuero del hombre, para el indio carece de valor. El destino humano para el indio, para el pensamiento amáutico es la Verdad y la Libertad[258].

En ambos casos es desde el análisis de la singularidad histórica y cultural de un grupo humano –los negros y los indios subordinados en América Latina– que se propone una nueva identidad a la vez que se cuestiona la construcción de lo universal hecha desde el pensamiento eurocéntrico y se plantean nuevas formas de pensarse como un todo, como humanidad. Y es que Césaire y Reinaga son, ellos mismos, parte de esa tensión ya que pertenecen a esa singularidad pero al mismo tiempo cumplen el rol universal del intelectual, el de la representación y de la empatía con otras singularidades oprimidas. De hecho, el mismo Said reconoce que para Césaire y Fanon:

> [...] el mundo posimperial depende de la idea de un destino tanto colectivo como plural para la humanidad. Occidental y no occidental por igual [...] Por esto hay que pensar los relatos en forma conjunta dentro del contexto provisto por la historia del imperialismo, una historia cuyo conflicto fundamental entre blanco y no blanco ha emergido líricamente en el nuevo y más inclusivo contrarrelato de liberación[259].

Ni Césaire ni Reinaga optaron por una singularidad amurallante ni por un universalismo delirante. Ambos intentaron jugar el rol más complejo, el de mantener lo que de uno y otro lado de la modernidad había de bueno. Es por eso que su posición es ambigua y a ratos puede sonar contradictoria, pero sin embargo no lo es. Como antes se esbozó, ninguno de estos autores son parte de un "mundo otro" y sus trabajos justamente intentan dar cuenta de ello: Césaire, Reinaga, los negros cuyos antepasados llegaron esclavizados a América

---

[258] Reinaga. Ob. cit., 1978, pp. 45-46.

[259] Said, Edward. "Representar al colonizado". Beatriz González Stephan (comp.). *Cultura y Tercer Mundo. Cambios en el saber académico.* Venezuela: Nueva Sociedad, 1996, p. 56.

y los indios sometidos por la conquista son parte fundamental de la historia universal, de la humanidad y de la modernidad como proceso totalizante. Eso es lo que parte de la negritud y el indianismo tienen por objetivo, dar voz al silenciamiento legitimado. Es en ese sentido que sus trayectorias permiten ver cómo los espacios que la misma modernidad concede, entregan las herramientas para su crítica.

Aimé Césaire y Fausto Reinaga se reconocen como un intelectual negro y un intelectual indígena, respectivamente, y desde ese lugar discuten con el pensamiento occidental y eurocéntrico. Sus libros y su escritura, producto y actividad tan propios de la modernidad, han sido su arma más poderosa y no dejaron nunca de identificarse como negro ni como indio al hacerlo. Solo considerando esa ambigua condición es que podremos aproximarnos a los discursos identitarios que en el siglo XX los afrodescendientes y los indígenas han elevado, pues la continua posición de subordinación en la que han estado no implica necesariamente que no sean parte de las sociedades latinoamericanas; no solo las instituciones coloniales y republicanas han reconocido su existencia, sino que además cruzan todas nuestras culturas e imaginarios sociales. Pero sabemos también que el reconocimiento de su presencia no basta; el racismo y la colonialidad persisten como base de nuestras relaciones sociales y de nuestra memoria colectiva, elementos que estos discursos vienen a cuestionar. Eso es justamente lo que enriquece a la negritud y al indianismo: como discursos identitarios se plantean desde la encrucijada del colonizado, involucrando de esa manera a la sociedad latinoamericana en su conjunto.

Conclusiones

Luego del recorrido propuesto aquí por la negritud, el indianismo y los elementos comunes que estos tienen, cabe retomar la pregunta por su contribución al pensamiento latinoamericano y al estudio de las identidades.

La negritud y el indianismo han sido definidos en este trabajo como discursos identitarios en la medida que plantean una identidad negra e india nueva que tiene un rol social propositivo y distinto al históricamente asignado; contrahegemónicos, ya que son elaboraciones de sujetos subordinados que problematizan las tensiones y condiciones históricas y simbólicas de indígenas y afrodescendientes; anticoloniales, puesto que reflexionan y cuestionan la situación de opresión en la que estructuras y relaciones sociales se han perpetuado a través de jerarquías y poderes propios de un sistema colonial; y, finalmente, al cuestionar la construcción del concepto de raza y de otredad cultural, proponen como objetivo volver a pensar una sociedad más humana, sin razas ni opresiones, contribuyendo en el plano teórico, pero también ético. En resumen, el gran cuestionamiento de ambos discursos apunta a cómo se han construido y legitimado los procesos de la modernidad en América Latina. Y es que, como se pudo observar, ni la negritud ni el indianismo son discursos espontáneos, responden a dinámicas históricas determinadas, rastreables, que los insertan en un proceso mayor; y ese proceso es la modernidad. Es por ello que tampoco se trata de discursos que se ubiquen fuera de esta; por el contrario, problematizan su inclusión desventajosa y proponen la necesidad de reinterpretaciones históricas que den cabida a las diversas voces de nuestra modernidad. En este sentido, se puede insistir en que la negritud y el indianismo no son tan solo elaboraciones culturales, sino que también la toma de una posición política.

En primer lugar, ambos discursos tensionan la construcción que el pensamiento eurocéntrico ha hecho de las identidades negras e indias. Tanto la negritud como el indianismo sostienen que dichas definiciones identitarias han sido naturalizadas y mediante el ejercicio de revisión teórica e histórica las someten a juicio, sentenciando que se trata de identidades socialmente construidas y aceptadas. Ante ello, los intelectuales de cada discurso reivindican el derecho a reelaborar su identidad, disputándole a la historia imperialista y latinoamericana lo que significa ser negro e indio.

A la luz de las discusiones actuales, es posible sostener que lo que Césaire, Reinaga y otros intelectuales elaboraron son políticas de identidad y diferencia.

Esta idea, que no ha alcanzado unanimidad sobre su significado, para algunos constituye una trampa identitaria, ya que conduciría a la defensa de un determinado sentido de pertenencia en el que los riesgos de caer en concepciones esencialistas son altos y perjudiciales. Sin embargo, si se aborda esta conceptualización con una mirada más amplia, es posible sostener que la política de identidad y diferencia se refiere a un proceso en el cual:

> [una] identidad deviene política cuando emerge como un tema relevante para la sociedad, o para importantes grupos dentro de ella, pasando a formar parte del contenido de lo político. En este sentido, la identidad se presenta como un tema que afecta la mantención de "una buena sociedad" [...] generando así una tensión entre los grupos que buscan "poner en escena" sus identidades, memorias y representaciones sociales. Dicha tensión demanda a la actividad política que se haga cargo de ella, ya sea legislando o mediando para regular la convivencia de los diferentes grupos identitarios[260].

Cuando una identidad se convierte en un tema de disputa entre dos o más grupos sociales afectando al conjunto de la sociedad de modo tal que se transforma en una problemática que debe ser regulada, hablamos de una política de identidad y diferencia, independientemente que la identidad que esté en disputa sea esencialista o más dialogante, ya que lo que está en juego no es solo aquello que entrega sentido de pertenencia sino quiénes tienen el poder para hacerlo. Cabe recordar que el poder y quienes lo ejercen son elementos ineludibles al momento de analizar el proceso social de construcción identitaria. En el caso de la negritud y el indianismo, tanto Césaire como Reinaga son enfáticos al sostener que como negros e indios tienen el derecho a hacerse cargo de lo que han sido, son y quieren ser los afrodescendientes y los pueblos indígenas.

En segundo lugar y en su calidad de discursos anticoloniales, la negritud y el indianismo son expresión del posicionamiento político de sus intelectuales. La lucha contra el colonialismo de Césaire y la denuncia de estructuras y relaciones sociales coloniales en una sociedad independiente que hace Reinaga, son un cuestionamiento al funcionamiento político y ético de las sociedades latinoamericanas. En este sentido, no articulan únicamente discursos que defienden a un sector social; por el contrario, es a partir de las condiciones y padecimientos de los indígenas y afrodescendientes que ambos autores someten a crítica a las sociedades de América Latina en su conjunto. Desde una dimensión particular, son capaces de levantar una reflexión universal, que involucra a blancos y negros, indios y mestizos, ricos y pobres, poderosos y desvalidos. En tercer lugar y a

---

[260] Oliva. Ob. cit., pp. 34-35.

partir de lo anterior, es que ambos discursos comportan además una dimensión ética. La negritud y el indianismo persiguen con sus reflexiones y denuncias poner fin al racismo y buscar el camino hacia sociedades sin razas u opresiones de cualquier tipo.

Ahora bien, la dimensión anticolonial que ambos discursos tienen constituye un aporte al pensamiento latinoamericano, que es incluso anterior al desarrollo de los estudios poscoloniales en la región. Durante los años 1980 en el mundo comienzan a surgir intelectuales y corrientes de pensamiento que se hacen cargo de los procesos que se desencadenaron luego de los amplios movimientos descolonizadores (la segunda ola en América Latina, específicamente en la zona del Caribe inglés), reflexionando no solo en torno a los temas más actuales sino también revisando el reciente pasado colonial. Muchas veces de la mano con el pensamiento posmoderno, los estudios poscoloniales no siempre reconocen o quizás desconocen reflexiones previas como las que, en el campo latinoamericano, encontramos en Césaire y Reinaga. De hecho, el *Discurso sobre el colonialismo* y las mismas reflexiones sobre la negritud que Césaire realiza son un antecedente directo de los estudios poscoloniales, mientras que en el indianismo de Reinaga lo que se encuentra es la elaboración de un pensamiento poscolonial. Reinaga se adelanta a muchos intelectuales poscoloniales con su tesis sobre las dos Bolivias, por ejemplo, en la que ya a fines de los años 1960 reflexionaba sobre la permanencia de condiciones coloniales en sociedades formalmente independientes.

Lo anterior de alguna manera es un ejemplo de lo poco estudiados que son ambos discursos y sus intelectuales, y de la escasa circulación que tienen sus textos e ideas, algo que se adelantó en la introducción de este trabajo. Por lo mismo, y dado el carácter exploratorio de la tesis aquí presentada, quedan muchas posibilidades abiertas a investigación, tanto de los discursos en sí como de los autores revisados.

La posibilidad de acceder a la totalidad de los textos de Reinaga y Césaire permitiría profundizar de mejor manera en sus propuestas de indianismo y negritud. Por ejemplo, acceder a los escritos políticos de Césaire como alcalde de Fort-de-France o a sus discursos, propuestas y discusiones como diputado en la Asamblea General, sin duda permitiría tener una mejor aproximación a lo que para él significaba la negritud. Por otro lado, y en el caso de los discursos identitarios, el indianismo ha sido el menos estudiado de los dos, sobre todo en cuanto a las tendencias desplegadas en su interior. En efecto, *La revolución india* de Reinaga y los documentos de la Segunda Reunión de Barbados son los antecedentes más antiguos del indianismo, en los que es posible encontrar las propuestas de la región andina y de los pueblos de la parte norte del Cono Sur, pero no se tiene mayores antecedentes de lo que por la misma época estaba pasando en ciertos lugares de la Amazonía y del extremo sur del continente, como también en Centro y Norteamérica. Una aproximación es el texto *Utopía y revolución: el pensamiento político de los indios en América Latina* de Bonfil Batalla, en el que se encuentran compilados algunos manifiestos y extractos de algunas obras relevantes hasta los años ochenta; sin embargo, este, además de no estar actualizado, no entrega un análisis interpretativo del indianismo en general y de sus apropiaciones en particular.

En momentos de aparente indiferencia y aceptación de todo lo dado, volver la mirada a discursos como el de la negritud y el indianismo, y releer lo que Césaire y Reinaga alguna vez quisieron decirnos, permite comprender que la diferencia es un reclamo vacío cuando esta no se articula con una perspectiva ética, que la heterogeneidad no nos sirve de mucho si no nos propone un nuevo contrato social y que el único camino, por utópico que sea, es el que nos invita, como latinoamericanos, a volver a pensar nuestra diversidad desde un horizonte humanista.

Bibliografía

Albó, Xavier. *Movimientos y poder indígena en Bolivia, Ecuador y Perú*. La Paz: CIPCA, 2008.

Anderson, Benedict. *Comunidades Imaginadas. Reflexiones sobre el origen y difusión del nacionalismo*. México: Fondo de Cultura Económica, 1993 (1991).

Arcos, Jorge Luis. "Para una relectura de Nicolás Guillén". Nicolás Guillén. *Donde nacen las aguas*. Antología. México: Fondo de Cultura Económica, 2002, pp. 15-46.

Baud, Michiel et al. *Etnicidad como estrategia en América Latina y el Caribe*. Quito: Abaya-Yala Ediciones, 1996.

Bengoa, José. "Culturas Indígenas: de la invisibilidad a la visibilidad". Bárbara Negrón y Eduardo Carrasco (eds.). *La Cultura durante el periodo de la transición a la Democracia, 1990-2005*. Santiago de Chile: Ediciones Consejo de la Cultura, 2006.

Benítez Rojo, Antonio. *La isla que se repite. El Caribe y la perspectiva posmoderna*. Hanover, USA: Ediciones del Norte, 1989.

Benoist, Jean. "La organización social de las Antillas". Manuel Moreno Fraginals (relator). *África en América Latina*. México: Siglo XXI Editores, 1977, pp. 77-102.

Bernabé, Jean, Chamoiseau Patrick y Raphäel Confiant. "Nos proclamamos 'créoles'" (1989). Laura López Morales (comp.). *Literatura francófona: II. América*. México: Fondo de Cultura Económica, 1996, pp. 49-55.

Bethell, Leslie. *Historia de América Latina*. Vol. 9: México, América Central y el Caribe. 1870-1930. Barcelona: Editorial Crítica, 1992. .

__________. *Historia de América Latina*. Vol. 13: México y el Caribe desde 1930. Barcelona: Editorial Crítica, 1998.

Bhabha, Homi. *El lugar de la cultura*. Buenos Aires: Manantial, 2002.

Bonfil Batalla, Guillermo. *Utopía y revolución: el pensamiento político de los indios en América Latina*. México: Editorial Nueva Imagen, 1981.

Bosch, Juan. *De Cristóbal Colón a Fidel Castro. El Caribe frontera imperial*. Santo Domingo: Editorial Corripio, 2000 (1970).

Bourdieu, Pierre. *Campo de poder, campo intelectual. Itinerario de un concepto*. Buenos Aires: Editorial Montressor, 2002 (1966).

__________. *El sentido práctico*. Madrid: Taurus, 1991.

Brathwaite, Edward Kamau. "Presencia africana en la literatura del Caribe". Manuel Moreno Fraginals (relator). *África en América Latina*. México: Siglo XXI Editores, 1977, pp. 152-184.

Briones, Claudia. *La alteridad del "Cuarto mundo". Una deconstrucción antropológica de la diferencia*. Argentina: Ediciones del Sol, 1998.

Burn, Kathryn. "Desestabilizando la raza". Marisol de la Cadena (ed.). *Formaciones de indianidad. Articulaciones raciales, mestizas y nación en América Latina*. Popayán, Colombia: Editorial Envión, 2008, pp. 35-54.

Cáceres, Rina. "Prólogo". Rina Cáceres (comp.). *Rutas de la esclavitud en África y América Latina*. San José, C. R.: Editorial de la Universidad de Costa Rica, 2001, pp. 9-17.

Césaire, Aimé. "Carta a Maurice Thorez" (1956). *Discurso sobre el colonialismo*. Madrid: Akal, 2006, pp. 77-84.

__________. "Catastro" (1961). Philippe Ollé-Laprune (selección y presentación). *Para leer a Aimé Césaire*. México: Fondo de Cultura Económica, 2008, pp. 110-126.

__________. "Cuaderno de un retorno al país natal" (1939). Philippe Ollé-Laprune (selección y presentación). *Para leer a Aimé Césaire*. México: Fondo de Cultura Económica, 2008, pp. 33-82.

__________. "Cuerpos perdidos" (1949). Philippe Ollé-Laprune (selección y presentación). *Para leer a Aimé Césaire*. México: Fondo de Cultura Económica, 2008, pp. 127-138.

__________. "Cultura y colonización" (1956). *Discurso sobre el colonialismo*. Madrid: Akal, 2006, pp. 45-75.

__________. "Discurso sobre la negritud. Negritud, etnicidad y culturas afroamericanas" (1987). *Discurso sobre el colonialismo*. Madrid: Akal, 2006, pp. 85-91.

__________. "Discurso sobre el colonialismo" (1950). *Discurso sobre el colonialismo*. Madrid: Akal, 2006, pp. 13-43.

__________. "Discurso sobre el colonialismo" (1948). Laura López Morales (comp.). *Literatura francófona: II. América*. México: Fondo de Cultura Económica, 1996, pp. 58-66.

__________. "Herrajes" (1960). Philippe Ollé-Laprune (selección y presentación). *Para leer a Aimé Césaire*. México: Fondo de Cultura Económica, 2008, pp. 139-163.

__________. *La tragedia del rey Christophe/ Una tempestad*. Barcelona: Barral Editores, 1971.

__________. "Las armas milagrosas" (1946). Philippe Ollé-Laprune (selección y presentación). *Para leer a Aimé Césaire*. México: Fondo de Cultura Económica, 2008, pp. 83-106.

__________. *Poemas*, selección de Luis López Álvarez. España: Plaza y Janés Editores, 1979.

__________. "Sol guillotinado" (1948). Philippe Ollé-Laprune (selección y presentación). *Para leer a Aimé Césaire*. México: Fondo de Cultura Económica, 2008, pp. 110-126.

__________. "Yo, laminaria" (1982). Philippe Ollé-Laprune (selección y presentación). *Para leer a Aimé Césaire*. México: Fondo de Cultura Económica, 2008, pp. 165-215.

Condé, Maryse. *Heremakhonon*. Washington D.C.: Three Continents Press, 1982 (1976).

__________. *Tituba, la bruja negra de Salem*. Barcelona: Ediciones B, 1988 (1986).

Confiant, Raphaël. *Aimé Césaire. Une traversée paradoxale du siécle*. Paris: Ecriture, 2006 (1993).

Cornejo Polar, Antonio. *Sobre literatura y crítica latinoamericanas*. Caracas: Ediciones de la Facultad de Humanidades y Educación, Universidad Central de Venezuela, 1982.

Coulthard, Georges. "Paralelismo y divergencias entre indigenismo y negritud". Varios Autores. *Ideas en torno de Latinoamérica*. Vol. 1. México: Universidad Nacional Autónoma de México, 1986, pp. 715-723.

Danticat, Edwidge. *Adieu mon frère*. París: Éditions Grasset & Fasquelle, 2008 (2007).

__________. *Cosecha de huesos*. Santa Fe de Bogotá: Ediciones Norma, 1999 (1998).

__________. *Palabras, ojos, memoria*. Barcelona: Ediciones del Bronce, 1998 (1994).

De la Cadena, Marisol. "Introducción". Marisol de la Cadena (ed.). *Formaciones de indianidad. Articulaciones raciales, mestizas y nación en América Latina*. Popayán, Colombia: Editorial Envión, 2008, pp. 7-34.

Del Río, Walter. *Etnogénesis, Hegemonía y Nación. La construcción de identidades indígenas y nacionales en la incorporación de la población originaria norpatagónica al estado-nación (1870-1943)*. Tesis para optar al grado de Doctor en Filosofía y Letras. Buenos Aires, Argentina: Universidad de Buenos Aires, 2002.

Depestre, René. "Aventuras del negrismo en América Latina". Leopoldo Zea. *América Latina en sus ideas*. México: Siglo XXI, 1986, pp. 345-360.

__________. *Buenos días y adiós a la negritud*. Cuba: Ediciones Casa de las Américas, 1986.

Depestre, René. "Jean Price-Mars (1876-1969)". Jean Price Mars. *Así habló el tío*. República Dominicana: Editorial Manatí, 2000 (1928), pp. 13-15.

Devés, Eduardo. "Afroamericanismo, multiculturalismo e identidad". *El pensamiento latinoamericano en el siglo XX. Entre la modernización y la identidad*. Tomo 1: Del Ariel de Rodó a la CEPAL (1900-1950). Santiago de Chile /Buenos Aires: Editorial Biblos/Centro de Investigaciones Diego Barros Arana, 2000, pp. 131-150.

Díaz Polanco, Héctor. *Autonomía regional. La autodeterminación de los pueblos indios*. México: Siglo XXI, 1999 (1991).

Du Bois, W.E.B. "Los combates espirituales de los negros de Norteamérica" (fragmento de The Souls of Black Folks, 1903). *Revista Casa de las América*. Año VI. N° 36-37, may-ago, 1966, pp. 142-146.

Duncan, Quince. *Contra el silencio*. San José, C.R.: EUNED, 2001.

__________ y Lorein Powell. *Teoría y práctica del racismo*. San José de C.R.: Editorial DEI, 1988.

Durán, Rene L. F. *Léopold Sédar Senghor*. Madrid: Ediciones Júcar, 1980.

Fanon, Frantz. "Antillanos y africanos". *Por la revolución africana*. México: FCE, 1975 (1964), pp. 26-37.

__________. "Las Antillas, ¿nacimiento de una nación?". *Por la revolución africana*. México: FCE, 1975 (1964), pp. 99-107.

__________. *Los condenados de la tierra*. México: FCE, 2001 (1961).

__________. *Piel negra, máscaras blancas*. Madrid: Akal, 2009 (1952).

Franco, Jean. "La vuelta a las raíces: el indio, el negro, la tierra". *La cultura moderna en América Latina*. México: Editorial Joaquín Mortiz, 1971, pp. 115-143.

Gamio, Manuel. *Forjando Patria*. Editorial Porrúa, México D.F, 1992 (1916).

Garretón, Manuel Antonio. *La sociedad en que vivi(re)mos. Introducción sociológica al cambio de siglo*. Santiago de Chile: Editorial LOM, 2000.

Glissant, Edouard. *El discurso antillano*. Venezuela: Monte Ávila Editores Latinoamericana, 2005 (1997).

González Casanova, Pablo. "Colonialismo interno (Una redefinición)". Atilio Boron, Javier Amadeo y Sabrina González (comp.). *La teoría marxista hoy. Problemas y perspectivas*. Buenos Aires: Consejo Latinoamericano de Ciencias Sociales - CLACSO, 2006, pp. 409-434.

__________. "El colonialismo interno". *Sociología de la explotación*. México: Siglo XXI Editores, 1978 (1969), pp. 223-250.

Guillén, Nicolás, "Prólogo", *Sóngoro consongo* (1931). Nicolás Guillén. *Donde nacen las aguas*. Antología, México: Fondo de Cultura Económica, 2002, pp. 99-100.

Gundermann, Hans, Rolf Foerster y Jorge Iván Vergara. *Mapuches y Aymaras. El debate en torno al reconocimiento y los derechos ciudadanos*. Santiago de Chile: Universidad de Chile, Predes/ RIL Editores, 2003.

Hale, Thomas y Kora Verón. "Is There Unity in the Writings of Aimé Césaire?". *Research in African Literatures*. Vol. 41. N° 1, 2010, pp. 46-70.

Hall, Stuart. *A Identidade Cultural na Pós-Modernidade*. Brasil: De Paulo Editora, 1997.

__________. "Introducción: ¿Quién necesita identidad?". Stuart Hall y Paul du Gay (comps.). *Cuestiones de Identidad Cultural*. España: Amorrortu Editores, 1996, pp. 13-39.

Hopenhayn, Martín, Álvaro Bello y Francisca Miranda. *Los pueblos indígenas y afrodescendientes ante el nuevo milenio*. Santiago de Chile: CEPAL, 2006.

Hurtado, Javier. *El Katarismo*. La Paz: Hisbol, 1986.

Jaunet, Claire-Neige. *Les écrivains de la négritude*. Paris: Ellipses Édition Marketing S. A., 2001.

Kasteloot, Lilyan. *Anthologie négro-africaine. Panorama critique des prosateurs, poètes et dramaturges noirs de XXe siècle*. Verviers, Belguique: Gérard & Co., 1967.

Kincaid, Jamaica. *Autobiografía de mi madre*. Santiago: LOM, 2007 (1996).

__________. *Mi hermano*. Santiago: LOM, 2009 (1997).

__________. *Un pequeño lugar*. País Vasco: Txalaparta, 2003 (1988).

Koonings, Kees y Patricio Silva (editores). *Construcciones étnicas y dinámica sociocultural en América Latina*. Quito: Ediciones Abya-Yala, 1999.

Larraín, Jorge. *Identidad Chilena*. Santiago: Ediciones LOM, 2001.

Leiner, Jacqueline, "Conversación con Aimé Césaire". Philippe Ollé-Laprune (selección y presentación). *Para leer a Aimé Césaire*. México: Fondo de Cultura Económica, 2008, pp.379-400.

Lienhard, Martín. *Disidentes, rebeldes, insurgentes. Resistencia indígena y negra en América Latina. Ensayos de historia testimonial*. Madrid: Iberoamericana Vervuert, 2008.

López-Baralt, Mercedes. "La tercera salida del Tuntún de pasa y grifería". Luis Palés Matos. *Tuntún de pasa y grifería*. Puerto Rico: Editorial de la Universidad de Puerto Rico, 1993, pp. 9-53.

López-Baralt, Mercedes. "La africanía mítica en el negrismo del poeta Luis Palés Matos". *Para decir al otro. Literatura y antropología en nuestra América*. España: Iberoamericana Vervuert, 2005, pp. 345-461.

Mamani Condori, Carlos. "Memoria y reconstitución". Claudia Zapata (comp.). *Intelectuales indígenas piensan América Latina*. Quito: Universidad Andina Simón Bolívar/ Ediciones Abya- Yala/ Centro de Estudios Culturales Latinoamericanos, Universidad de Chile, 2007, pp. 285-310.

Mariátegui, José Carlos. *Siete ensayos de interpretación de la realidad peruana*. Santiago de Chile: Editorial Universitaria, 1955 (1928).

Márquez, Roberto. "Emergence of a Caribbean Literature". Franklin W. Knight and Colin A. Palmer. *The Modern Caribbean*. USA: The University of North Carolina Press, 1989, pp. 293-340.

Mato, Daniel (comp.). *Políticas de identidades y diferencias sociales en tiempos de globalización*. Venezuela: Editorial Nueva Sociedad, 2003.

Memmi, Albert. *Retrato del colonizado, precedido por el retrato del colonizador*. Argentina: Ediciones de la Flor, 1996 (1957).

Mendieta, Pilar. *Indígenas en política. Una mirada desde la historia*. Bolivia: Instituto de Estudios Bolivianos, 2008.

Moreno Fraginals, Manuel. "Aportes culturales y deculturación". Manuel Moreno Fraginals (relator). *África en América Latina*. México: Siglo XXI Editores, 1977, pp. 13-33.

Naveda Félix, Igidio. "Reconstitución de pueblos indígenas en la región andina". Claudia Zapata (comp.). *Intelectuales indígenas piensan América Latina*. Quito: Universidad Andina Simón Bolívar/ Ediciones Abya- Yala/ Centro de Estudios Culturales Latinoamericanos, Universidad de Chile, 2007, pp. 311-332.

Olien, Michael. "The Negro in Costa Rica: The Ethnohistory of an Ethnic Minority in a Complex Society". Dissertation: University of Oregon, 1967. Quince Duncan. *El negro en Costa Rica*. San José: Editorial Costa Rica, 2005, pp. 287-301.

Oliva, María Elena. *Identidad nacional estatal e identidades indígenas en Chile: una problematización en torno a la política de identidad y diferencia*. Tesis para optar al título de Socióloga. Santiago: Facultad de Ciencias Sociales, Universidad de Chile, 2007.

Ollé-Laprune, Philippe. "El poeta de la palabra hermosa como el oxígeno naciente: Aimé Césaire". Philippe Ollé-Laprune (selección y presentación). *Para leer a Aimé Césaire*. México: Fondo de Cultura Económica, 2008, pp. 9-30.

Palés Matos, Luis. *Tuntún de pasa y grifería*. Puerto Rico: Editorial de la Universidad de Puerto Rico, 1993 (1937).

Palmer, Colin A. "Identity, Race, and Black Power in Independent Jamaica". Franklin W. Knight and Colin A. Palmer. *The Modern Caribbean*. USA: The University of North Carolina Press, 1989, pp. 111-128.

Pierre-Charles, Gérard. *El Caribe contemporáneo*. México/España: Siglo XXI Editores, 1998 (1981).

Price Mars, Jean. *Así habló el tío*. República Dominicana: Editorial Manatí, 2000 (1928).

Quijano, Aníbal. "Colonialidad del poder, eurocentrismo y América Latina". Edgardo Lander (comp.). *La colonialidad del saber: eurocentrismo y ciencias sociales. Perspectivas latinoamericanas*. Buenos Aires: CLACSO, 2003, pp. 201-246.

Rama, Ángel. *La ciudad letrada*. Santiago de Chile: Tajamar Editores, 2004 (1984).

Rappaport, Joanne. "Intelectuales públicos indígenas en América Latina: una aproximación comparativa". *Revista Iberoamericana*. LXXIII. N° 220, jul- sep, 2007, pp. 615-630.

Reinaga, Fausto. *América india y Occidente*. La Paz: Partido Indio de Bolivia (PIB), 1974.

__________. *El indio y los escritores de América Latina*. La Paz, Bolivia: PIB, 1968.

__________. *El pensamiento amáutico*. Bolivia: Ediciones PIB, 1978.

__________. *El hombre*. La Paz: Ediciones Comunidad Amáutica Mundial (CAM), 1981.

__________. *El pensamiento indio*. Bolivia: Ediciones Comunidad Amáutica Mundial (CAM), 1991.

__________. *La revolución india*. La Paz: edición propia, 2007 (1970).

__________. *La podredumbre del pensamiento europeo*. Bolivia: Ediciones Comunidad Amáutica Mundial (CAM), 1982.

__________. *Tesis india*. La Paz: edición propia, 2006 (1971).

Reinaga, Hilda. *Fausto Reinaga, su vida y sus obras*. La Paz, Bolivia: Ediciones Mallki, 2004.

Rivera Cusicanqui, Silvia. "La raíz: colonizadores y colonizados". Xavier Albó y Raúl Barrios. *Violencias encubiertas en Bolivia*. La Paz: CIPCA, 1993, pp. 27-139.

Rojo, Grínor. *Diez tesis sobre la crítica*. Santiago: LOM Ediciones, 2001.

Saavedra, José Luis. "El yugo de la alianza. Crítica katarista a la gestión vicepresidencial de Cárdenas". XIV Reunión Anual de Etnología, 23, 24, 25 y 26 de agosto de 2000. Tomo II. Serie: *Anales de la Reunión de Etnología*. La Paz, Bolivia: MUSEF, 2001, pp. 175-207.

Saavedra, José Luis. "En torno al 'Amauta del Tahuantinsuyo' Fausto Reinaga. Conversando con Víctor Hugo Cárdenas". Reunión Anual de Etnología 1994, 23, 24, 25 y 26 de agosto de 1994. Serie: *Anales de la Reunión Anual de Etnología*. La Paz, Bolivia: MUSEF, 1995, pp. 127-130.

__________. "Palabra katarista. El debate entre Víctor Hugo Cárdenas y Fernando Untoja". XIII Reunión Anual de Etnología, 18, 19, 20 y 21 de agosto de 1999. Tomo I. Serie: *Anales de la Reunión Anual de Etnología*. La Paz, Bolivia: MUSEF, 2000, pp. 311-335.

Said, Edward. *Cultura e imperialismo*. Barcelona: Anagrama, 1996 (1993).

__________."La función pública de los escritores e intelectuales". *Humanismo y crítica democrática. La responsabilidad pública de escritores e intelectuales*. España: Random House Mondadori, 2006, pp. 145-171.

__________. "Representar al colonizado". Beatriz González Stephan (comp.). *Cultura y Tercer Mundo. Cambios en el saber académico*. Venezuela: Nueva Sociedad, 1996, pp. 23-59.

__________. *Representaciones del intelectual*. Barcelona: Editorial Paidós, 1996.

Sarmiento, Domingo Faustino. *Facundo*. Caracas: Ediciones Ayacucho, 1977 (1845).

Sartre, Jean Paul. "Orfeo negro". *El negro y su arte*. Buenos Aires: Editorial Deucalión, 1956, pp. 35-106.

Schwartz, Jorge. "Negrismo y negritud". Leopoldo Zea (comp.). *Historia y cultura en la conciencia brasileña*. México: Fondo de Cultura Económica, 1993, pp. 65-78.

Silverblatt, Irene. "El surgimiento de la indianidad en los Andes del Perú central: el nativismo del siglo XVII y los muchos significados de 'indio'". Miguel León-Portillas *et al*. (comps.). *De palabra y obra en el Nuevo Mundo*. Vol. 3: La formación del otro. Madrid: Siglo XXI, 1993, pp. 459-481.

Sklodowska, Elzbieta. *Espectros y espejismos. Haití en el imaginario cubano*. Madrid: Iberoamericana Vervuert, 2009.

Spivak, Gayatri Chakravorty. "¿Puede hablar el subalterno?" (1988). *Revista Colombiana de Antropología*. Vol. 39 (enero - diciembre), 2003, pp. 297- 364.

Stecher, Lucía. *Salir del país natal para poder regresar: desplazamientos y búsquedas identitarias en la escritura de mujeres caribeñas contemporáneas*. Tesis para optar al grado de Doctor en Literatura, Mención Literatura Chilena e Hispanoamericana. Santiago de Chile: Facultad de Filosofía y Humanidades, Universidad de Chile, 2006.

Taylor, Lucien. "Créolité Bites. A conversation with Patrick Chamoiseau, Raphaël Confiant, and Jean Bernabé". *Transition*. N° 74, 1995, pp. 124-161.

Thomson, Sinclair. "¿Hubo raza en Latinoamérica colonial? Percepciones indígenas de la identidad colectiva en los Andes insurgentes". Marisol de la Cadena (ed.). *Formaciones de indianidad. Articulaciones raciales, mestizas y nación en América Latina*. Popayán, Colombia: Editorial Envión, 2008, pp. 55-81.

Todorov, Tzvetan. "Race and Racism". Les Black and John Solomos (eds.). *Theories of Race and Racism. A Reader*. London and New York: Routeledge, 2004 (2000), pp. 63-70.

VV. AA. *Indianidad y descolonización en América Latina*. Documentos de la Segunda Reunión de Barbados. México: Editorial Nueva Imagen, 1979.

Vela, María Elena. "Los afroamericanos en el imaginario de algunos intelectuales argentinos del siglo XIX". Rina Cáceres (comp.). *Rutas de la esclavitud en África y América Latina*. San José, C. R.: Editorial de la Universidad de Costa Rica, 2001, pp. 405-423.

Wade, Peter. "Identidad racial y nacionalismo: una visión teórica de Latinoamérica". Marisol de la Cadena (ed.). *Formaciones de indianidad. Articulaciones raciales, mestizas y nación en América Latina*. Popayán, Colombia: Editorial Envión, 2008, pp. 367-390.

__________. *Raza y etnicidad en Latinoamérica*. Quito-Ecuador: Ediciones Abya-Yala, 2000.

Wallerstein Immanuel. *El moderno sistema mundial*. México: Siglo XXI Editores, 2003 (1974).

Williams, Raymond. *Marxismo y Literatura*. Barcelona: Ediciones Península, 1980.

Zapata, Claudia. "Atacameños y Aymaras. El desafío de la 'verdad histórica'". *Estudios Atacameños*. N° 27. 2004, pp.169-187.

__________."Cultura, diferencia, otredad y diversidad: apuntes para discutir la cuestión indígena contemporánea". José Santos. *Integración e interculturalidad. Desafíos pendientes para América Latina*. Santiago: Instituto de Estudios Avanzados, USACH, 2007, pp. 155-175.

__________. "Edward Said y la otredad cultural". *Revista Atenea* 498. II semestre, 2008, pp. 55-73.

__________. "Introducción". Claudia Zapata (comp.). *Intelectuales indígenas piensan América Latina*. Quito: Universidad Andina Simón Bolívar/ Ediciones Abya-Yala/ Centro de Estudios Culturales Latinoamericanos, Universidad de Chile, 2007, pp. 11-26.

Zapata, Claudia. "Los intelectuales indígenas y la representación". *Revista de Historia Indígena*. N° 9. Facultad de Filosofía y Humanidades, Universidad de Chile, 2005-2006, pp. 51-84.

Documentos en línea

Cruz, Gustavo. "Aproximación al indianismo revolucionario de Fausto Reinaga". 2009. *Globalización. Revista Mensual de Economía, Sociedad y Cultura*. 15 de mayo de 2010. Documento en línea disponible en: http://www.rcci.net/globalizacion/2009/fg877.htm

Chraibi, Khalid. "Le Roi Christophe : 'On nous vola nos noms'". 2006. *La-tragedie-du-roi-christophe.blogspot*. 23 de septiembre de 2009. Documento en línea disponible en: http://www.la-tragedie-du-roi-christophe.blogspot.com/

Nunez, Elizabeth. "Maryse Condé: una gran señora de la literatura caribeña". 2000. *El correo de la UNESCO*. 17 de enero de 2010. Documento en línea disponible en http://www.unesco.org/courier/2000_11/sp/dires.htm

Reinaga, Fausto. "Tierra y libertad". *Katari.org*. 08 de junio de 2010. Documento en línea disponible en http://www.katari.org/pdf/libertad.pdf

Sitios web visitados

http://www.madinin-art.net/lettre_info_990.htm

http://www.katari.org

http://www.faustoreinaga.org

http://www.presenceafricaine.com